BHARTRIHARI

ET

TCHAAURA.

IMPRIMERIE DE A. CARRO, A MEAUX.

BHARTRIHARI

ET

TCHAURA,

ou

PANTCHAÇIKA DU SECOND

ET

LES SENTENCES

ÉROTIQ , MORALES ET ASCÉTIQUES DU PREMIER,

tés du sanscrit en français, pour la première fois,

PAR HIPPOLYTE FAUCHE,

Traducteur du Gita-Govinda et du Ritou-Sanhâra.

A PARIS,

Chez A. FRANK, Libraire, 67, rue de Richelieu,
En face de la Bibliothèque nationale.

1852.

A

M. Honoré Arnoul,

Homme de lettres.

Monsieur,

Je sens une reconnaissance infinie des choses très-flatteuses pour moi, que vous avez eu la bonté d'écrire en votre aimable *Courrier de Paris*, expédié leste et souriant au *Journal de Seine-et-Marne* (1).

C'est un petit diamant fin, joliment taillé, monté sur une épingle d'or, que vous attachez délicatement sur la chemisette de mon humble nom.

Que puis-je vous offrir en témoignage du sentiment, que j'éprouve ?

Hélas ! rien que ces deux brillants oiseaux de l'Inde, non pas en vie, mais comme empaillés !

Car à quelle chose une traduction res-

(1) Numéro 744. — Samedi, 28 août 1852.

semble-t-elle mieux qu'à cette nature morte, aux ailes déployées, mais sans vol ; aux yeux d'émail étincelant, mais sans vision ; au bec entrouvert, mais sans ramage,...... que le gazouillement d'un mécanisme à soufflet !

HIPPOLYTE FAUCHE.

Juilly, 1er septembre 1852.

TCHAAURA.

1*

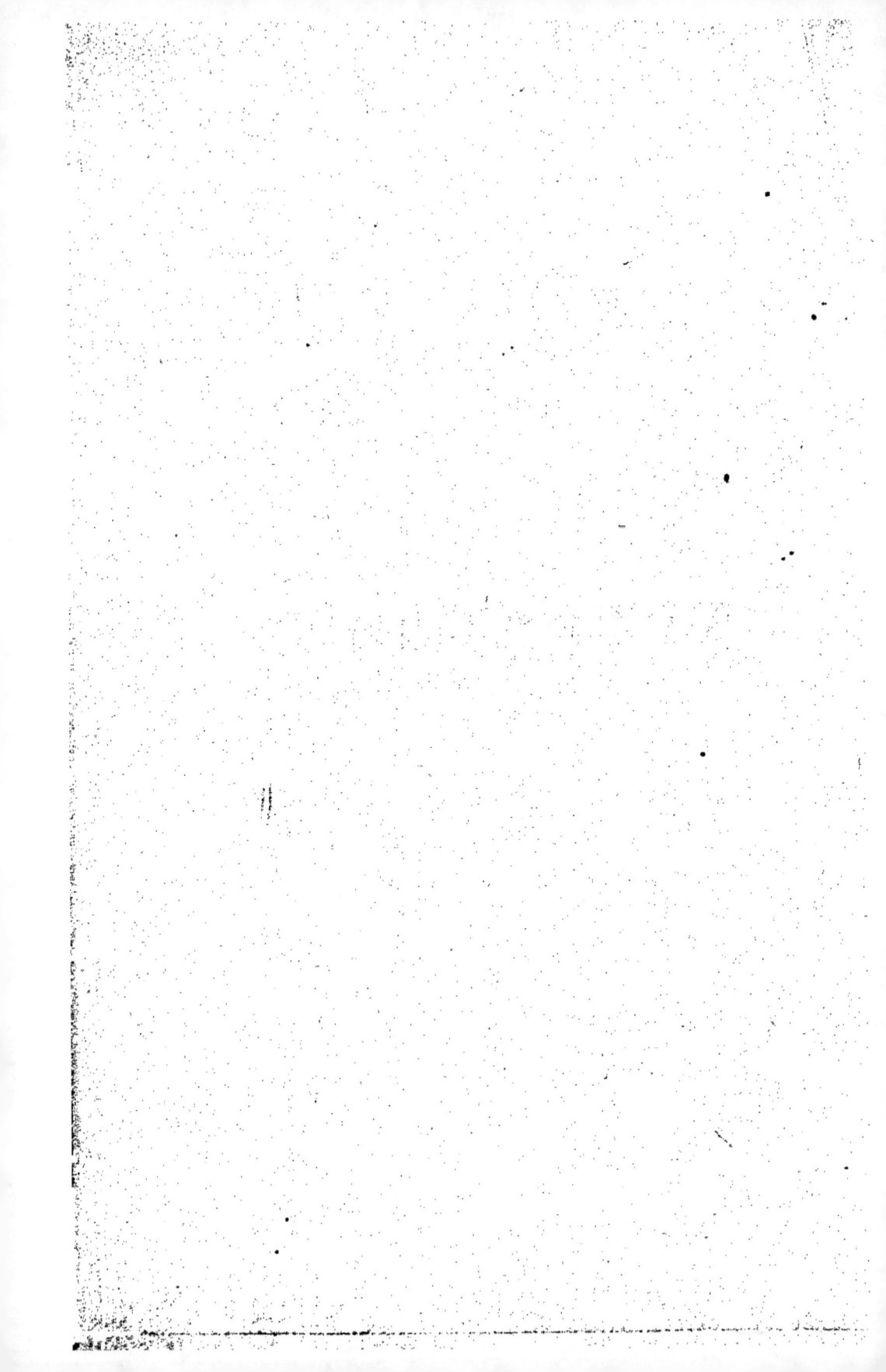

INTRODUCTION.

Pᴀɴᴛᴄʜᴀçɪᴋᴀ veut dire une collection, une réunion de cinquante choses ou de cinquante personnes, *une cinquantaine*.

Le poème de Tchâaura est encore de nos jours admiré dans l'Inde comme un chef-d'œuvre : mais son histoire n'est, pour ainsi dire, qu'une médaille fruste ; elle se réduit malheureusement à quelques mots assez peu arrêtés et même oscillants au souffle de l'incertitude, comme de mobiles roseaux.

Tchâaura, disent les uns, fut un brahme, de qui la renommée était répandue au loin dans toutes les contrées; mais la science et la vertu ne purent le sauver d'une brûlante passion : il aima la fille d'un roi et sut lui inspirer une sympathie égale à son amour.

Suivant d'autres, Tchâaura était un kshatriya, puisqu'il nous est donné chez eux pour le fils d'un roi, appelé Soundara, qui avait sa résidence et sa cour dans la cité de Kantchîpoura, c'est-à-dire, la *ville de la splendeur.* En ce même temps, vivait aussi dans le Burdvan une princesse d'une beauté céleste, fille du roi Virasinha et nommée Vindyâ, au nom de qui, peut-être, une allusion obscure est jetée dans le dernier vers de la première stance.

Elle paya de retour la passion, qu'elle avait inspirée, et ne craignit pas de répondre à tous les vœux du royal étranger. Bientôt, devenue enceinte et devinée à sa taille arrondie, une indiscrétion révéla sa faiblesse au roi, qui, enflammé de colère, fit arracher violemment de son palais et conduire le noble séducteur au supplice.

Ce fut alors que Tchâaura, saisi par l'inspiration poétique, comme le cygne mourant, improvisa les cinquante couplets, dans lesquels il nous dessine, avec le plus voluptueux des crayons, la beauté incomparable de son amante et les plaisirs trop peu gazés, dont il fut enivré dans ses bras.

Une tradition beaucoup plus moderne fait arriver les Dieux pour dénouer ce petit drame. Un songe divin commande à Vîrasinha de respecter la vie de son prisonnier : il pardonne aux deux coupables, ce qui était plus sage, et joint la main de sa fille à celle du prince amoureux.

L'édition de la *Pantchaçikâ*, que l'on doit aux soins de M. Bohlen, est accompagnée d'un commentaire, qui nous a paru d'une médiocre valeur et n'être pas doué souvent d'un sens poétique assez fin. Au reste, le style du poème est ordinairement d'une limpide transparence: toutes ses images sont tirées d'un champ, où l'on n'est plus étranger, dès qu'on a lu deux ou trois menus poèmes érotiques dans la nature, le costume et les mœurs de l'Inde. Ses idées ne sont pas toujours nouvelles ; mais souvent elles sont gracieuses : cependant on regrette de n'en pas trouver un assez grand nombre comme la suivante, qui prête une si jolie parure à cette idée simple et nue : « Dans l'absence, je ne cesse de penser à ma bien-aimée. »

« Mon cygne chéri, dit le poète avec une élégance toute locale, ne sort pas un instant du lac profond de l'absence, dans la vase duquel se balancent les nymphéas de ma pensée. »

N'est-ce point là une charmante petite vignette, pleine de fraîcheur, de grâce et

de limpidité bocagère ? — Mais si les
gazouillements de l'imagination vous ar-
rivent çà et là dans ce poème, on n'y
entend jamais le chant rêveur de l'âme ;
on n'y sent nulle part les mouvements
impérieux de la nature ; et, quelque soit
la stoïque insouciance du regard, que
nous sommes accoutumés de voir les Indiens porter sur le fantôme de la mort,
ce langage trop sensuel n'est, certes ! pas
celui d'un homme si près de quitter la
vie, de qui l'épée du bourreau vient couper la noble tête, et qui voit déjà l'é-
chafaud dressé au seuil même de sa
prison. Aussi nous semble-t-il que l'auteur
de cette élégie voluptueuse pourrait bien
n'être pas le héros même de l'aventure :
le poète a choisi tout simplement un sujet
dans un fonds historique sans doute; mais
il s'y asseoit trop à son aise, en homme
trop sûr de compter plus d'un jour au-delà
du moment où il parle, en amant trop
absorbé dans la contemplation de ses eni-

vrantes jouissances : il demande toutes
ses inspirations à la vie, il n'en demande
aucune à la mort, et son poème est
comme un souriant bocage, semé de fleurs
suaves, mais enclos de hautes murailles,
où l'on n'a point ménagé pour l'âme de
vastes et lointains prospects, de lar-
moyantes et désolées perspectives, ni
des vues exaltantes sur des sites aériens,
mélancoliques, et dont les vaporeuses
lignes se fondent avec la vague idéalité
d'une survie élyséenne ou d'une gracieuse
métempsychose.

N. B. Peut-être n'est-il pas inutile d'avertir ici les
personnes encore peu familiarisées avec la lecture des
poèmes indiens, que nous plaçons toujours dans nos traductions les numéros des çlokas suivant l'usage des manuscrits ou des imprimés sanscrits, c'est-à-dire, non en
tête, mais à la fin des stances.

LA PANTCHARAKA

DE

TCHAAURA.

ADORATION AU DIVIN GANÉÇA !

A cette heure même, *ma pensée est toute* à cette *fille de roi*, au teint doré, aux guirlandes tissues avec le tchampaka à fleurs d'or, — au visage de lotus épanoui, aux touffes soyeuses de cheveux, — aux membres agités par l'amour, soit qu'elle dorme ou qu'elle veille (1), et tout remplis d'une *voluptueuse* langueur : — ma pensée, *dis-je*, est sur elle, comme sur une science, échappée faute de soin, *et qu'on s'applique à ramener dans son esprit*. 1.

(1) Le commentaire sanscrit omet d'expliquer ce composé *suptauttikitâm* ; et Bohlen ne me semble pas avoir touché juste le sens par cette version : « *è somno surrectam.* »

A cette heure même, si je la revois *en idée*, cette belle aux seins renflés, au teint doré, au visage ravissant comme l'astre des nuits, au corps battu par le feu, qu'allument les flèches de l'Amour, elle, la première des belles par sa jeunesse fraîche éclose*, — je sens au même instant un froid vif me courir dans tous les membres. 2.

A cette heure même, si je la revoyais (1), cette fille aux grands yeux de lotus, fatiguée du faix *charmant* de sa gorge puissante*,—je la serrerais dans le couple *amoureux* de mes bras et je boirais *le nectar de* sa bouche, — comme l'abeille, dans une folle ivresse, *pompe à son gré le miel dans* une fleur de nymphéa. 3.

A cette heure même, *je me rappelle* cette *femme*, que ses membres ne peuvent soutenir, fatigués qu'ils sont de volupté (2); — elle, de qui

(1) Il y a ici un hypallage : les verbes sont tous au présent de l'indicatif. On peut cependant, si l'on veut, conserver le mode avec le temps et traduire ainsi :

« A cette heure même, si je la revois en idée, cette fille aux grands yeux de lotus, il me semble que je la presse dans mes bras et que je bois le nectar de sa bouche, comme une abeille pompe le miel dans une fleur de nymphéa. »

(2) Nidhouvanas, copulatio.

les faisceaux de cheveux retombent en boucles *dénouées* sur les joues pâlies ; — elle, qui décèle, pour ainsi dire, aux yeux, *par sa toilette en désordre*, le fait jusque-là caché de sa faute amoureuse ; — elle, de qui les bras *si doux* s'enlaçaient comme des lianes autour de mon cou. 4.

A cette heure même, je me la rappelle, baissant de pudeur son visage au point du jour, alors que, faisant mourir ses grands yeux, tremblantes étoiles, qui avaient erré *toute la nuit* dans une insomnie de volupté,* — elle semblait un phénicoptère, nageant sur les eaux de l'Amour dans une moisson de lotus. 5.

A cette heure même, si je voyais encore cette belle aux grands yeux, dont la fente se prolonge jusqu'à l'oreille *dans un trait de collyre ; cette belle*, aux membres suaves de qui *ma* longue absence a jeté la fièvre* ; — aussitôt, l'ayant serré dans mes bras avec passion, — je ne voudrais plus goûter la lumière du jour (1), au prix de quitter cette femme bien-aimée. 6.

(1) Littéralement : *ouvrir les yeux*, c'est-à-dire, *voir le jour, et la quitter.* Il y a dans le texte un hypallage : les verbes sont au présent de l'indicatif.

A cette heure même, je me rappelle cette *fille de roi*, à l'épaisse chevelure agitée, *belle chorège* (1), qui dirige *avec art* le drame de la volupté; * — *éphèbe* à la figure enchanteresse comme la lune en son disque plein, aux membres *toujours* frémissants d'amour, — svelte, délicate, fatiguée par le poids de sa gorge et de son ample djaghana (2). 7.

A cette heure même, je me la rappelle, dans son lit, qu'elle embaume des émanations exhalées par l'odeur aimable du musc, joint au liniment onctueux du santal; elle, de qui les yeux charmants semblent un couple de *gentils* hochequeues, qui s'entrebaisent par l'union de leurs becs, engagés tour-à-tour l'un dans l'autre.* 8.

A cette heure même, je me la rappelle comme elle est dans nos embrassements (3), rouge du

(1) *Soûtradhârî.* Dans une pièce de théâtre, le soûtradhâra est le principal personnage de l'introduction; il tient le fil de l'action dramatique et la conduit. (Wilson, Système dramatique des Indiens, traduit par M. Langlois.)

(2) On ne traduit pas ce mot, que nos lecteurs ont déjà pu voir expliqué dans le Gita-Govinda, page 102, et dans le Ritou-Sanhâra, p. 121.

(3) Littéralement : *in copulatione.*

vin, qu'elle a bu, sa bouche toute pleine de camphre,* — ses lèvres teintes de bleu, son corps svelte, ses grands yeux vifs, — les colorations *parfaites de ses jolis* membres avec le parfum du musc et le *bois en poudre* embaumée de Kâçmîre. 9.

A cette heure même, je me rappelle ce visage de ma bien-aimée, *ce visage* blond comme l'or, tout perlé (1) avec les gouttes de la sueur et colorié avec des teintes variées dans ses *gracieux* organes : * — je me rappelle enfin ce visage aux yeux animés par le désir, *mais où se trahit la fatigue de la volupté*, — et qui ressemble au disque *charmant* de la lune, quand Râhou (2) cesse d'en éclipser les rayons avec son ténébreux obstacle. 10.

A cette heure même, elle est *encore* toute présente à mon esprit, — cette parole de bon souhait : « Adieu ! » que, sur le moment où je quittais mon amante avec dépit, — la nuit, et me

(1) VITATAN, *diffusus*.

(2) Mot à mot : *quand elle est délivrée de l'obstacle de Râhou....* On sait que ce mauvais génie, moitié homme et moitié serpent dévore, suivant la mythologie indienne, le soleil et la lune au temps de leurs éclipses.

courbant vers sa boucle d'or (1), je versai dans l'oreille sous les cheveux annelés de cette fille du roi.* 11.

A cette heure même, je me rappelle ce visage de ma bien-aimée, aux joues battues par ses anneaux d'or ; ce visage, où l'eau de la fatigue, *causée* par l'agitation d'une attitude inverse dans l'assaut de volupté, semait en gouttes épaisses une multitude jaillissante de perles.* 12.

(1) J'ai traduit ainsi pour ne pas trop m'éloigner du sens adopté par Bohlen : « *annuli aurei loco ;* » mais j'eusse mieux aimé faire le mot à mot comme il suit : « *cette parole,...,* KANAKAPATRAM, *ornement d'or,* KRITAM, *fait,* MAYI, *par moi,* KARNAI, *à l'oreille....* » C'est d'un style un peu maniéré ; mais ces afféteries sont assez familières dans l'Inde aux poètes des âges modernes.

En outre, *djayoutarati,* locatif du participe présent, est lu dans trois manuscrits ; mais, comme ce mot ne peut se rattacher à quelque racine, le savant prussien en a fait DJTOUTAYATI, *abeunte.* Cette correction ne me semble pas très-heureuse, et je propose TCHTOUTAYATI, *effundente,* comme j'ai traduit.

VARIANTE, *d'après l'explication proposée dans cette note* : « A cette heure même, elle est encore toute présente à mon esprit, cette parole de bon souhait : *Adieu !* que, la nuit, au moment où je quittais mon amante avec dépit, j'attachai, pour ainsi dire, à son oreille comme un joyau d'or, sous les cheveux bouclés de cette fille du roi. »

A cette heure même, je me rappelle, *et* ces clignements d'yeux languissants d'amour, — *et* son corps tout brisé de lassitude par les mouvements *répétés* de la jouissance, — *et* ses jolis boutons des seins, qui palpitent au bord de sa tunique (1), — *et* ses lèvres, que mes dents ont parées de *voluptueuses* morsures. 13.

A cette heure même, sa main rouge comme une fleur nouvelle éclose *aux branches* de l'açoka, — sa gorge, dont les perles de son collier (2) baisent les boutons *séduisants*, — la parol *charmante* de sa joue pâle, où se reflète (3) un sourire intérieur, — sa marche non-chalante de cygne : *tout* de cette bien-aimée revient à mon souvenir. 14.

A cette heure même, je me rappelle ces marques des blessures, gravées par *mes* ongles sur l'endroit potelé des cuisses, où scintille une poussière dorée;* — je me rappelle cette brillante robe, tissue en fils d'or, qu'elle retient avec la main par l'ins-

---

(1) Le scholiaste explique *vastrântara* par *outtariya*, *testis superior*; ce doit être plutôt un vêtement de dessous: VASTRA, *testis*; ANTARA, *interior*.

(2) KALAPA, *ornement, parure*.

(3) Littéralement : *respire*.

tinct de la pudeur au moment qu'elle se lève : et *quelle grâce toute royale* ensuite dans sa démarche ! 15.

A cette heure même, dans le secret de ma prison, elle est présente à mon souvenir cette *femme aux pieds enfermés comme les bras dans ses anneaux d'or*, aux yeux embellis par le collyre disposé *autour des paupières,*[*] — à l'épaisse chevelure enmêlée dans la multitude épanouie de ses fleurs, — aux dents, qui se meuvent comme un fil de perles dans le vermillon *des lèvres*. 16.

A cette heure même, je me la rappelle dans le secret *de ma prison* avec son épaisse chevelure, dont le ruban s'est échappé,[*] — avec sa guirlande tombée, avec ses deux lèvres au sourire doux comme l'ambroisie, — avec ses yeux animés par le désir, avec son joli couple de seins relevés et rebondis, que baisent les rangées *voluptueuses* de son collier de perles.[*] 17.

A cette heure même, *je me figure* dans son palais blanc, où des flambeaux, entremêlés de pierreries — et disposés en guirlandes sur une foule de lustres déchirent la nuit *de leurs traits lumineux ;* — je me figure, *dis-je*, cette *princesse*, les yeux frappés d'une timide pudeur, —

au moment où, s'étant levée de manière à laisser voir tout son visage, *elle dit :* « Voici l'heure de m'en aller jouir du sommeil dans ma chambre secrète (1) ! » 18.

A cette heure même, elle, à qui le feu de *notre violente* séparation dévore *tous* les membres, — cette fille aux yeux de gazelle et pleine de modestie, vase unique de volupté, — et qui étale maintes parures d'un travail admirable ; — je me la rappelle, cette fille aux belles dents, qui imite le *gracieux* phénicoptère dans sa marche *indolente.* 19.

A cette heure même, elle, qui, à la tête des plus belles amantes, répandues sur la face de la terre, ne doit qu'à la beauté de tous ses membres la place, qu'elle y tient seule au plus haut rang ;* — je me la rappelle, cette fille charmante, blessée par la flèche du *jeune Dieu,* qui se fait une arme

(1) Ces mots du traducteur latin : *Illam, quæ clanculam dixit : Somnus mihi jam est ! quum averso vultu... exsurgeret,* sont une inspiration du commentaire sanscrit ; mais j'ose m'écarter du scholiaste pour saisir un sens, que je pense être plus conforme, soit à l'esprit, soit à la lettre du texte.

2

avec une fleur, — elle, ce vase (1), dans lequel est versé le breuvage des *huit* sentiments (2), et qui joue le premier rôle dans le drame de l'Amour. 20.

A cette heure même, certes ! un seul moment, je ne puis oublier cette jouvencelle, qu'un maître, *son époux*, n'a point encore menée dans sa maison (3) ; elle, si pleine de tendresse et qui est plus que ma vie ; elle, qui voit ses membres consumés par le feu de l'Amour dans ses plus vives ardeurs, *et* de qui le corps fut, *pour ainsi dire*, collé sur le mien, comme un vêtement mouillé.* 21.

A cette heure même, je songe à cette fille du monarque de la terre ; elle, qui fut créée, à l'ori-

---

(1) Patara, qui signifie un *rase*, veut dire aussi un *personnage de théâtre*. Il y a donc ici un jeu de mots implicite, qu'on peut dérouler, mais non traduire.

(2) « Dans le drame, on doit affecter l'âme du spectateur par les sentiments, qu'on exprime. Ces sentiments sont désignés par les Indiens sous le nom de *rasa*, goût ou saveur, comprenant ainsi la qualité, qui est inhérente à la composition, et la perception, qu'en acquiert le lecteur ou le spectateur. » Wilson.

(3) Ou : *de laquelle un mari n'a pas encore pris la tutelle.*

giuc des plus rares beautés , pour être *comme* le vase unique de l'amour, et je m'écie : «O Vishnou, ma séparation d'avec cette fille aux membres si délicats me sera toujours impossible à supporter ! » 22.

A cette heure même, je me rappelle cette beauté souriante, que le poids de sa gorge fait pencher en avant,* — que la multitude de ses perles blanchit à l'endroit où son cou est embrassé du collier; — elle, qui, entrée dans un temple, où le Dieu aux armes de fleurs célèbre ses jeux, *nous* semble être ce drapeau même de fleurs, qu'arbore le resplendissant Amour (1).* 23.

A cette heure même, je me rappelle ces discours de ma chérie, quand elle est troublée par les fatigues de la volupté, ce langage brillant de couleurs confuses, où se mêlent des phrases timides, un son de voix imperceptible, des choses, qui tantôt sont raisonnables, tantôt sont piquantes, et tantôt sont emmiellées de cent cajoleries.* 24.

A cette heure même, elle, que la *fatigue des*

(1) Ou , mais sens, que j'aime beaucoup moins : « semble être son étendard de fleurs épanouies et brillantes. »

veilles exercées dans la volupté contraint à cligner
les yeux, — sur les jolis membres si vantés de
laquelle son épaisse chevelure détachée tombe
comme un ançouka; — elle, qui semble être le phénicoptère de l'Amour dans la forêt de ses lotus, —
je me la figure telle assurément qu'elle est dans
la jouissance, *où l'amant se transfuse dans une
autre naissance.* 25.

A cette heure même, si je pouvais, à la fin du
jour, voir de nouveau cette bien-aimée, qui ressemble par ses yeux au faon de la gazelle,* — *et
qui porte toutes pleines d'ambroisie les coupes
jumelles de sa gorge,* — alors, ici, et la félicité
des rois et le ciel même s'effaceraient de mon
souvenir. 26.

A cette heure même, au lieu des treize *Dieux,*
que ma *piété* abandonne, — une force *irrésistible*
entraîne mon âme vers cette beauté merveilleuse:
que fais-je *donc?* — Je sais que le moment du
supplice peut arriver pour moi à chaque instant,
et néanmoins, — *ô sages, n'en riez pas! je m'oc-
cupe à chanter sur tous les tons,* ou: « elle est
belle! » ou: « je l'aime plus *que nulle autre!* »
ou: « elle est à moi! » 27.

A cette heure même, je me rappelle cette

beauté, les regards agités comme ceux d'une
biche craintive, le visage incliné par sa pesante
douleur,*—les yeux troublés par l'eau des larmes
tombant en gouttes vacillantes, quand — la cla-
meur, élevée par ce peuple sur la route, où j'étais
entraîné, vint frapper son oreille. 28.

A cette heure même, je me rappelle cette *fille*
aux belles dents, elle, qui soutient l'édifice entier
de ma vie (1) ; elle, qui est toute imprégnée de
cette non-chalance, que produit l'amour; elle, de
qui l'absence pour un seul instant ressemble au
poison, et qui est comme un fleuve d'ambroisie (2), quand sa compagnie m'est rendue. Qu'ai-
je besoin avec elle de Brahma, de Vishnou et de
Çiva! 29.

A cette heure même, dans ce monde, où la
nature fait naître de charmantes épouses, entre
lesquelles je m'étudiais à lui trouver une égale,
avec une ingénieuse curiosité, mes yeux n'ont
jamais vu une figure aussi bien douée en toutes
perfections, comme le visage de cette fille aux
regards séduisants,* — cette fille, de qui la

(1) Littéralement : *qui fait le salut de ma vie.*
(2) Mot à mot : *in majus conspersa nectare.*

beauté a vaincu les grâces de la lune, de l'Amour et de Rati, *son épouse*, la Volupté. 30.

À cette heure même, où le roi me fit arracher (1) de son palais — par des troupes méchantes, remplissant l'âme d'effroi, semblables aux messagers de la mort, — quelle chose, pour me sauver, quelle chose n'a-t-elle pas tentée (2), et de toute (3) manière ? — ce qui m'est impossible à dire, tant mon cœur en est *encore* agité ! 31.

À cette heure même, nuit et jour, mon cœur est tourmenté par cette *idée*, — que je ne vois plus devant moi, à chaque pas, — ma chérie montrer sa jolie figure de lune en son plein, — triomphante des blessures, qu'elle fait à l'orgueil de l'Amour, fâché qu'elle surpasse en beauté le visage même de la Volupté (4), *son épouse*. 32.

À cette heure même, elle, de qui mon âme

(1, 2, 3) Littéralement : *emmener;—faite;—en beaucoup de manières.*

(4) Ce dernier sens n'a pas été bien compris de Bohlen: c'est à tort que son édition fait une coupe de *rati* à *kshala*; il vaut mieux écrire le vers d'un seul tenant :

Lâranyanirdjitaratikshalakâmadarpan.

vacillante ne peut se détacher (1) ; — elle, si distinguée par ce faix *élégant*, dont la jeunesse
fraîche éclose *a paré sa poitrine*, et dont nu
autre *que moi* n'a goûté le fruit, — cette jouvencelle, l'espérance de ma vie, ma pensée est toute
sur elle, — dans l'instant même où je vais marcher à la *mort, qui est une* seconde naissance. 33.

A cette heure même, ce joli couple de ses
joues, baisées par un essaim d'abeilles, qui vol-
tigent à l'entour, avides de sucer les lotus embaumés de son visage, — il jette naturellement le
le délire en mon âme, ravie avec le son (2) gracieux — des anneaux, qu'un *séduisant* badinage
secoue sur les délicates ramilles de ses mains. 34.

(1) *Arihatd*, c'est-à-dire, *non privée des qualités de
la femme*, suivant le scholiaste; mais n'est-ce pas voir
dans le texte un sens, qui ne s'y trouve pas en réalité ?
Le traducteur latin a tourné ce mot par *illæsa*, expression
obscure. Est-ce, comme *intacta*, un synonyme de *virgo*?
En ce cas, le terme choisi est en contradiction avec tous
ces nombreux passages, où le poète nous peint son amante
comme brisée par la jouissance, fatiguée de volupté, ivre
de ces étreintes passionnées, *où deux corps n'en font plus
qu'un*. Notre sens particulier nous semble donc ici mériter
la préférence: il est clair, logique et même littéral.
(2) *Gnaaxa, odoratio*, pour *auditio* : sans doute, c'est
ici la catachrèse d'un sens pour un autre.

A cette heure même, il m'en souvient, avec quelle ardeur et dans l'éruption de quelles nombreuses horripilations, elle contemple, elle entretient, elle veille sur la trace de mes ongles, imprimés autour des globes de sa gorge dans l'ivresse du miel, que j'ai bu à ses *lèvres.* 35.

A cette heure même, il m'en souvient: désirait-elle s'en aller, elle détournait la tête avec humeur ; * — elle ne répondait point aussi à la parole, que j'avais dite avant : — lui donnais-je un baiser, elle pleurait beaucoup : « Je tombe à tes pieds, *m'écriais-je alors ;* » — et : « Je suis ton esclave; aime-moi *donc*, ô ma très-chérie! » 36.

A cette heure même, mon âme est vagabonde: que fais-je *donc? — Mais* puisse la mort venir ainsi vers moi, gracieuse par mille jeux, — au sein de mes *douces* amies, dans le gynécée (1) d'une maison délicieuse, — parmi les danses variées, le badinage et les chansons des belles ! 37.

A cette heure même, je ne sais pas bien si elle n'est point *Mahadévi*, l'épouse de Çiva, — ou Çapagatà, la compagne du roi des Dieux, ou Lakshmi, femme de Krishna; — ou même si

(1) Vastcarma, *le milieu d'une maison* (Amara-Kosha).

Brahma ne l'a point créée afin de rendre insensés les trois mondes par le désir impatient de contempler cette perle des jeunes filles.* 38.

A cette heure même, qui que ce soit dans le monde n'est capable assurément de peindre cette *beauté*, mon épouse, de qui l'on n'a jamais vu la semblable:* — celui-là seul qui put en voir de ses yeux les formes *sans voiles* est capable de la peindre, mais non pas un autre. 39.

A cette heure même, elle, de qui le collyre des yeux se mêle aux pleurs, — qui vont baigner (1) le couple gracieux de ses oreilles dans un *instant de* colère, — je me la rappelle, cette charmante, la première des belles pour la gentillesse renflée de sa gorge; — elle, au teint *délicieusement* bistré; elle, que fait resplendir une masse de hautes perfections. 40.

A cette heure même, que la beauté sans tache

_____

(1) Littéralement : *délasser* ; en sorte que l'image étendue est celle-ci : « *un bain de larmes qui est pour les oreilles ce qu'un bain est pour des membres fatigués.* » C'est là une de ces métaphores que l'exactitude sévère de notre goût n'admettrait pas volontiers dans le délire même de la passion.

do la lune, roulant sa couleur d'or sur un ciel
d'automne, — ravit l'âme de l'anachorète même,
à plus forte raison, la nôtre; — si je peux obtenir
cette bouche *toute* pétrie (1) avec la saveur de
l'ambroisie, — je m'y attache dans un baiser, et
la *crainte d'une* séparation ne troublera plus mon
âme! 41.

À cette heure même, sa bouche exquisément
parfumée comme le pollen des lotus, — cette eau
de volupté, qui éteint la chaleur *impatiente* de
l'amour, — ce tirtha nonpareil (2), *lac saint* des
embrassements (3), s'il m'est donné encore de
l'obtenir, — je veux y exhaler ma vie, afin de le
posséder à jamais. 42.

À cette heure même, ô merveille! en ce monde,
que remplissent des beautés par centaines de
mille; — *en ce monde*, où les riches appas, *que
la suite des générations entassa* les uns sur les
autres, sont devenus incalculables, — il n'existe

(1) Littéralement : *faite.*
(2) Le tirtha est un lac artificiel, produit par une sai-
gnée du Gange, où les fidèles vont se baigner dans les
eaux saintes, n'ayant plus à craindre là ces attaques des
crocodiles, qui infestent le cours du fleuve sacré.
(3) Le texte dit : *sourata,* copulatio.

cependant aucune possibilité pour moi de comparer avec d'autres femmes — ces formes *nompareilles* de ma bien-aimée ; et c'est pour mon cœur la cause d'une peine amère ! 43.

A cette heure même, elle, de qui les membres sont embellis par la fraîche jeunesse ; — elle, de qui le joli corps vacillant se joue *comme* dans les eaux d'une *volupineuse* horripilation, — ce flamingo chéri n'avance pas un peu *sa course et n'étend pas du tout* sa marche — hors du *lac* profond de l'absence, dans la vase duquel se balancent les nymphéas de ma pensée. 44.

A cette heure même, cette fille du roi qui règne sur les rois (1), — elle, de qui les yeux se meuvent avec langueur, elle, toute comblée de la joie, que lui inspire sa jeunesse ; — elle s'offre à ma pensée, comme si, fille du roi des kinnaras, des souras, des yakshas et des gandharvas, elle fût descendue vers nous du haut des cieux. 45.

A cette heure même, jour et nuit, endormie ou réveillée, elle ne sort pas de mon souvenir, cette *jeune fille*, émue par le désir, à la taille fine et mince, comme le pal, auquel un sacrifi-

(1) Littéralement : *le Çêsha des rois.*

cuteur attache la victime, — au corps paré avec
mille ornements d'un travail admirable, — au sein
relevé et dont les deux coupes jumelles sont toutes
composées d'ambroisie. 46.

A cette heure même, je me rappelle cette
femme, l'essence (1) de ma vie; *elle*, qui porte
ses membres avec langueur, qui a la beauté de
l'or,* — pleine de pudeur au même temps qu'a-
gitée par le désir, craintive devant l'amour jusqu'à
trembler; — elle, en qui les embrassements de
notre union corps à corps ont fait naître *souvent*
le délire. 47.

A cette heure même, ces jeux de l'hymen aux
combats sans armes, — aux mains vides, qui se
lèvent et retombent, qui enlacent et sont enlacées,
— où le sang, dont elles sont arrosées, n'est que
celui des blessures faites par les ongles et des
lèvres dévastées par les dents; — je me les rappelle, avec sa fureur inégale dans *les grandes
batailles de* la volupté. 48.

A cette heure même, je ne peux vivre un seul
instant d'une autre manière, *c'est-à-dire*, sans
goûter le plaisir (2) au sein de la plus belle des

(1) Littéralement : *medicamentum, remedium.*
(2) *Sine copulationis usu.*

épouses ;* — et, puisqu'ici mes chagrins doivent
trouver la paix dans la mort, — je t'en avertis, ô
toi, *bourreau*, tranche au plutôt ma vie ! 49.

A cette heure même, on ne voit point, en vérité,
Çiva rejeter le poison, *qu'il avala afin d'en pré-
server la vie des mortels ;* — la tortue soutient
encore à son vaste dos la terre, *qu'on verrait
sombrer dans l'abime, si elle n'avait plus cet
appui ;* — l'océan ne se lasse point de contenir
l'intolérable Vatavâgni, *ce feu sous-marin, à la
tête de cavale, qui pourrait dévorer les mondes,
si le réceptacle des eaux manquait à sa mission :*
vous m'avez promis la mort; eh bien! donnez-la-
moi, — *puisque ces êtres saints vous ont enseigné
par ce triple exemple qu'il faut garder fidèlement
sa promesse!* 50.

—

ICI FINISSENT
LES CINQUANTE ÇLOKAS,
Œuvre d'un grand poète,
L'ILLUSTRE TCHAAURA.

BHARTRIHARI.

« L'un marche dans le *Vairagya* ; un autre
« suit la route du *Niti* ;
    « Celui-là se plaît dans le *Çringara* ou l'amour :
« c'est ainsi que, dans ce monde, les êtres se dis-
« tinguent les uns des autres par les différences. »
                (BHARTRIHARI, 1ᵉ centurie, çloka 99.)

INTRODUCTION.

Une tradition indienne suppose que
Bhartrihari était le frère du puissant
roi Vikramâditya, et donne ainsi au livre
de ses maximes une antiquité assez re-
culée ; car cet Auguste de l'Inde, anté-
rieur à Jésus-Christ, fonda l'ère célèbre,
qui porte son nom et commence l'an 56
avant la naissance de notre Messie.

Il est certain que l'on trouve des vers empruntés à Bhartrihari dans les traités de rhétorique, tels que le *Sâhitya-darpana*, dont il existe un manuscrit de l'an 1027, et le *Kâvyaprakâsa*, qui est encore plus ancien, dans les drames, que Bhavabhoûti écrivait au VIIIe siècle, dans l'Hitopadéça, composé aux premiers temps de l'ère chrétienne, et dans Kalidaça, le plus distingué entre les sept grands poètes, dont s'honora la brillante cour de Vicramâditya.

Bhartrihari a-t-il prêté ces vers, ou les a-t-il empruntés? C'est là une question bien délicate; mais que l'on décide en sa faveur un peu, ce me semble, prématurément, à l'examen du style, où, suivant Bohlen, on trouve un goût de vieux temps, que l'on ne sent pas, disons mieux, que l'on sent moins dans les vers, au milieu desquels on voit les siens enchâssés.

On peut renfermer toute l'histoire de

Bhartrihari en sept ou huit lignes ; et cependant n'est-elle pas encore tellement courte, que le vague, l'incomplet et le fabuleux n'aient trouvé le moyen de se glisser dans un espace si borné.

Vikrama, fils de Gandharvasena, exerçait la royauté à Dhâranagara, ville du Malava, quand la passion des voyages le poussa à déposer les insignes de l'empire aux mains de Bhartrihari, le plus jeune de cinq frères. Bientôt celui-ci, dégoûté du monde par l'infidélité d'une épouse, qui avait donné le fruit d'immortalité à son adultère amant, renonça au diadème, se retira dans une solitude religieuse, et composa un traité *sur la Dévotion.*

Est-ce la centurie, qui, dans les trois de son livre, est appelée celle du *Vairâgya ?*

Le fragment biographique, donné par le brahme Padmanâbha au missionnaire hollandais, Abraham Roger, s'écarte un peu de cette notice, recueillie dans les scholiastes du poète.

Suivant lui, Bhartrihari était fils du brahme Tchandragoupta Naradja, mot, que Bohlen voudrait changer, par une légère altération de la première syllabe, en celui de *Nriradja*, qui signifie *roi des hommes*, attribuant à l'ignorance des modernes la supposition que ce monarque était brahme, et supposant lui-même d'une manière implicite que ce Tchandragoupta est le Sandrocottus, qui signa le fameux traité de commerce et d'alliance avec Seleucus Nicanor.

Quoi qu'il en soit, Bhartrihari, dans sa jeunesse, dit encore Padmanâbha, vécut en homme très-adonné aux plaisirs des sens ; il but dans la coupe de l'amour jusqu'à l'ivresse et peupla fastueusement son palais de trois cents belles épouses. Cette vie dissolue attira souvent les plus vifs reproches du monarque, son père ; et le jeune voluptueux, enfin tou-

ché du blâme, répudia toutes ses
femmes, s'exila au fond d'un hermitage,
et commença dès-lors à noter dans ses
lectures les trois cents maximes, images
ou pensées, qu'il distribua cent par cent
et que l'on subdivisa ensuite par dixaines
en chapitres dans les trois sections prin-
cipales de son anthologie.

Nous avons appelé son livre une *anthologie:* si le mot est juste, Bhartrihari n'est
pas l'auteur, mais le collectionneur des
pensées, qui défilent en trois compagnies
sous l'enseigne de son illustre nom.
Cette opinion nous parait évidente, et
même une lecture médiocrement attentive
de ce florilège peut en fournir bientôt
une raisonnable conviction.

Ainsi, dans la première centurie, il
jette, mieux qu'il n'en répétera l'idée
quatre stances après dans une variante,
où il ne change, pour ainsi dire, que ce
mot seul, un *diamant* au lieu d'une
étoile; il jette, disons-nous, ce gracieux

distique, sans aucune liaison ni avec ce
qui marche avant, ni avec ce qui vient
après, où le pronom *elle* ne trouve pas
un mot qui le précise, où même il n'est
pas exprimé, tandis que les compilateurs
plus soigneux de l'Anthologie grecque
eussent du moins signalé qu'il était
sous-entendu, car ils auraient suspendu
au-dessus de la jolie épigramme un
titre, comme celui-ci ou tel autre
semblable : « *Sur une jeune fille.* »

« Avec sa jolie charge de gorge pesante, avec
sa resplendissante figure de lune,—avec la marche
insolente de ses pieds, elle brille comme si Dieu
eût taillé son corps dans une étoile. »

Ailleurs, dans la stance XXIV*, il
compare la femme *au paradis*, et, dans
le çloka LXXVI*, ce n'est plus que « *la
gueule béante des enfers.* » Peu soucieux
de se contredire, on le voit souvent ac-
coter dans son volume des pensées, qui
sont aux antipodes l'une de l'autre et

n'attacher ses préférences qu'à la richesse, à la grâce, à la noblesse ou même à l'originalité du costume.

La stance XCIX*, qui nous sert ici d'épigraphe, semble tout-à-fait une interpolation de copiste; une ébauche, qui fut jetée d'abord, comme en se jouant, sur la marge de quelque manuscrit et qui s'est glissée furtivement au milieu du texte.

Enfin, il n'est guère facile de concevoir qu'un homme adonné à toutes les austérités de la vie érémitique n'ait point eu scrupule d'abandonner son crayon à dessiner tant de nudités passionnantes, et qu'il n'ait pas rougi, non seulement d'écrire cet effarouchant couplet :

Faut-il consacrer sa vie aux nitambas des montagnes ? ou doit-on la vouer aux nitambas des jeunes filles ?

mais de souiller son imagination ou sa plume, soit dans la stance 25*, par l'indécente peinture des gradations libertines, où passe en tête à tête une Dame, pour type de laquelle il déshonore la qualité de femme noble; soit dans la 15*, par le caractère impudemment obscène du trait final; soit enfin dans la 27°, par une gravelure, il faut le dire, si dévergondée, que, glissant au fond d'une note la version exacte en latin, c'est avec une altération dans le sens véritable des mots, que nous avons pu jeter à son rang un faux-semblant de traduction.

Cependant, il rachète ailleurs ces défauts par la distinction noble ou gracieuse de son langage, quand il traite moralement une pensée. Ainsi, d'un côté:

«Quelque charmante, dit-il, que soit une courtisane, l'homme de naissance ne donne jamais un baiser à la fleur de ses lèvres;»

et, d'un autre, cette idée triviale:

Où l'on voit le débauché, on voit aussi la fille publique,

ne devient-elle pas tout-à-fait élégante par les agréments de ces images contemporaines et locales, dont il a su la parer:

Là où des libertins consument leur jeunesse et leur bien, comme des victimes, le bois du sacrifice, c'est la courtisane, dont la beauté en nourrit la flamme.

Si l'on sent du plaisir à faire passer devant ses yeux les épigrammes de l'anthologie grecque, comme les brillants

joyaux d'un écrin, j'ose en promettre davantage à ceux qui voudront bien jeter un coup-d'œil parmi ces distiques et ces quatrains du traité *sur l'amour*. On ne saurait manquer, certes! d'y trouver et des formes toutes originales et des images toutes neuves, comme on devait l'espérer naturellement de ces types singuliers, où la pensée indienne vient se mouler, de ces cachets bien différents des sceaux européens; car là ce ne sont plus nos plantes, nos animaux, nos religions, nos institutions sociales et politiques, nos manières de vivre, nos préjugés, nos costumes: là tout, jusqu'aux choses les plus familières, se montre à nos yeux sous un aspect inconnu; et, pour en citer un exemple, y a-t-il rien de plus rebattu, de plus bannal, d'aussi lieu-commun, que cette pléonastique idée:
« C'est par les femmes, que l'Amour séduit les hommes?»
Et néanmoins, dans le Çringara, quel tour piquant, neuf, original, enjoué même, ne revêt-elle point dans l'ima-

gination du poète indien par la seule
influence de sa mythologie, ou, si l'on
veut, de sa religion, qui décerne, je
ne dirai pas, un culte, mais un hommage
au poisson makara, comme à l'attribut
symbolique de l'Amour !

« Celui qui met un poisson sur l'enseigne de
ses temples jette dans l'océan du monde un hameçon, qui est nommé la femme: ces goulus
poissons, que l'on appelle les hommes, viennent
pour sucer le miel à ses lèvres; lui soudain les
retire accrochés à sa ligne, et s'en va cuire sa
pêche dans le feu de l'amour.

Mais, s'il est facile de saisir une physionomie anthologique dans les vers du
traité *sur l'amour*, il n'en est pas de
même, sinon pour le *Vairâgya*, du
moins pour la *Niti*. M. Bohlen préfère
avec juste raison le chapitre de la morale à celui du renoncement absolu, et
pense qu'on ne peut guère contester à
Bhartrihari l'honneur d'être le seul au-

teur de la *Niti*, dans laquelle on trouve
un style toujours égal et, pour ainsi dire,
un caractère d'écriture, où l'on ne sent
pas le tracé de plusieurs mains.

La morale en est belle, haute, profonde ; les images ont de la grandeur,
de la force, toute cette luxuriance même
de végétation et cette couleur chaude,
qui appartiennent en pur don à la terre
et au ciel de l'Inde. On voit bien dans
l'*Éthique* des pensées, qu'on est accou-
tumé de voir circuler dans la sagesse
écrite de tous les peuples ; mais du moins
ce livre sait-il nous les présenter avec
une forme neuve, enluminée de cette
teinte originale, que le génie indien
étend sur toutes les choses, quand elles
viennent se colorer au soleil de son
imagination.

Nous en voulons citer seulement deux
ou trois exemples ; nos lecteurs auront
plus de plaisir à trouver d'eux-mêmes
tous les autres.

Notre poète a dit que le poids du malheur ne peut briser la constance de l'homme ferme, et, pour donner plus d'éclat au sens de ces paroles, il a mis sa pensée dans la lumière de cette belle comparaison :

« Ainsi, renversée même la tête en bas, une torche n'en continue pas moins à diriger sa flamme vers le ciel. »

Ailleurs, si l'on retrouve la même idée, ou, pour mieux dire, une très-analogue dans cette proposition, réduite ici à son plus sec énoncé littéral : « Dieu peut ruiner les fortunes, mais il ne peut rien contre la vertu ; » du moins s'offre-t-elle aux yeux avec un air nouveau, parce qu'elle est devenue là un emblème charmant, figuré dans cette gracieuse allégorie du cygne aux qualités fabuleuses, du cygne, auquel est attribué par la mythologie indienne ce don merveilleux, qui prête à la poésie tant d'allusions fines et d'élégantes comparaisons.

« Quand il est irrité contre un cygne, Dieu peut bien détruire cette forêt de lotus, demeure embaumée, où il est heureux de se jouer : mais il n'est pas capable de lui ôter ce don glorieux, inhérent à son destin, de séparer, quand il boit, le lait et l'eau, mêlés dans un même breuvage. »

Une fable gracieuse, *les deux amis*, inspira jadis à notre Lafontaine ces vers, non de l'esprit, mais de l'âme, qui nous font désirer à tous un ami, comme on n'en voit guère, *dans le Monomotapa même*; un de ces amis,

> *Qui cherche vos besoins au fond de votre cœur,*
> *Qui vous épargne la pudeur*
> *De les lui découvrir vous-même :*
> *Un songe, un rien, tout lui fait peur,*
> *Quand il s'agit de ce qu'il aime.*

Mais ne semble-t-il pas que Bhartrihari ait voulu, pour ainsi dire, lui dessiner

par avance, dans le cadre de l'ingénieuse
comparaison, qui va suivre, un pendant,
très-digne assurément de figurer vis-à-vis
de ce dessin français, une composition ri-
vale, ou plutôt sœur jumelle de la nôtre,
et dans laquelle on peut admirer une
conception infiniment spirituelle, une
forme originale, des images neuves pour
nous et une délicatesse exquise de
sentiment.

« L'eau, versée dans un vase de lait, en reçoit
toutes les qualités : a-t-on mis sur le réchaud ces
deux substances mêlées ; si l'eau s'aperçoit que la
chaleur commence à tourmenter le lait, elle s'im-
mole dans le feu pour son ami : ce que voyant
celui-ci, il veut suivre aussi dans le brasier les
pas de sa compagne ; mais, s'il est rejoint avec
l'eau, il s'appaise à l'instant : c'est la ressemblante
image de l'amitié entre les bons. »

En continuant cette rapide excursion
dans l'examen du livre indien, nous
trouvons encore les deux poëtes occupés

autour d'une idée première, idée à l'état
de germe, ou plutôt de bouton naissant
aux branches de la pensée,

Lafontaine sut en conduire toute la
fleur à son épanouissement le plus radieux et s'est composé avec elle une
fable charmante, celle de *la Mort et le
Mourant*, dont il a résumé toute la substance avec une concision pleine de vigueur dans ce vers de six pieds, frappé
au coin des adages :

Le plus semblable aux morts meurt le plus à regret.

De son côté, Bhartrihari nous tresse
un de ses plus beaux quatrains avec la
même fleur moins ouverte, mais avec
une intention plus religieuse, une gravité
plus austère, un sens philosophique d'une
visée plus haute, enveloppé dans ce dépit amer de l'homme, indigné contre la
peur imbécile d'un esprit, qui se refuse
à boire une potion efficace, parce que
le palais en est désagréablement affecté.

« Il n'y a plus de goût en moi pour aucune volupté ; la considération, où j'ai vécu parmi les hommes, est tombée ; mes égaux pour l'âge sont allés au ciel ; avec eux ont quitté la terre ceux que la ressemblance de vie avait rendus mes amis ; je marche avec lenteur, soutenu sur un bâton ; mes yeux sont offusqués par l'obscurité d'un nuage : et ce corps malade tremble, hélas ! encore devant la mort, qui cependant est son remède ! »

Quoique le *Vairagya* semble ne s'adresser qu'aux âmes héroïques et capables d'aborder résolument la pratique du renoncement absolu, on y trouve çà et là semées de belles sentences propres à la vie ordinaire, de hautes pensées morales, où vient même se refléter un rayon du soleil, qui éclaira nos évangiles. Telles sont les suivantes :

« N'admettre que l'unité dans la pluralité des Dieux :

« Ou dans le maître suprême des mondes, Çiva, ou dans Vishnou, l'âme intime de l'univers, je ne comprends pas une distinction de substance. »

« Faire l'aumône en secret; montrer à l'homme affligé un cœur sympathique ; dire la vérité ; cacher ses vertus ; embrasser toutes les créatures dans sa charité; s'employer de tous ses efforts et toute sa vie au salut de son âme, sans remettre cette laborieuse affaire au temps de la vieillesse :

« En effet, que sert de nous creuser un puits, quand la maison est toute en flammes? »

« Vivre enfin comme un être qui doit mourir; idée, que le moraliste indien sut peindre avec une élégante gravité de style, un laconisme incisif dans la forme expressive de l'interrogation , une force et une vivacité dans le tour, qui feraient tailler sur la pierre au frontispice d'un couvent cette profonde maxime, comme une des plus dignes de la sagesse chrétienne, si on la trouvait burlnée sur l'airain dans notre saint livre de l'*I-mitation* :

« On s'est abreuvé de prospérités, on a trait des mammelles de l'amour toutes ses délices : que vient-il après ? — On a mis le pied sur la tête de ses ennemis ; que vient-il après ? — On s'est acquis des amis, des richesses : que vient-il après ? — Votre âme est revêtue même d'un corps, qui peut durer tout un kalpa (1) : que vient-il après ?»

Nous avons laissé dans cette traduction la deuxième section et la troisième sous leur titre indien, quoiqu'il nous était facile de rendre exactement le mot *Niti* du chapitre, où sont exposées les règles de conduite, par ceux-ci : *la Morale* ou *l'Éthique*.

Mais le terme *Vairagya* ne trouvait pas dans notre langue un correspondant

(1) Un jour et une nuit de Brahma, intervalle de trente-deux millions d'années.

aussi juste. Le mot *Dévotion*, qu'on a généralement coutume de mettre à sa place, n'en donne qu'un aperçu très-affaibli, ou, pour mieux dire, n'en présente qu'une idée fausse, comme il nous est démontré ici par l'auteur saint dans ce même chapitre, qui définit ainsi son intitulé, flottant, aux yeux du lecteur, comme une enseigne étrangère sur les escouades poétiques de la dernière centurie :

« Le culte de Çiva, la crainte de la naissance et de la mort toujours présente au fond du cœur, l'inaccessibilité, soit aux affections de parenté, soit aux émotions de l'amour, l'affranchissement des péchés, où le monde vit esclave, une habitation solitaire dans les bois : c'est en quoi réside le *Vairagya :* est-il rien, qui soit plus à désirer ! »

On voit qu'à la suite de cette définition le mot *dévotion* n'aurait pu venir convenablement comme une expression, qui résumât en elle-même toutes les idées mises en évidence par l'analyse; à moins qu'on ne voulût prendre ce mot dans son acception la plus rigoureuse, telle qu'aux premiers temps du christianisme, où nos anachorètes de la Thébaïde étonnaient le désert par des mortifications insoutenables à la nature humaine, si l'enthousiasme religieux n'eût point inspiré une prodigieuse énergie, capable d'en supporter l'inconcevable héroïsme.

Le vairagya est donc un renoncement absolu au monde; c'est donc se dévêtir du corps, sans avoir cessé de vivre; c'est donc enfin travailler à s'unir dès cette vie à l'essence intelligible par l'absorption d'une extase mystique, où se vantaient de parvenir ces contemplateurs chrétiens, qui voyaient *la lumière du Thabor poindre sur le bout de leur nez* et *l'auréole du Christ s'épanouir* toute radieuse *autour de leur saint nombril* : façon de parler, qui fut empruntée au langage de l'ascétisme indien, où l'ignorance d'une cri-

tique superficielle a bien pu trouver de
la folie et du ridicule, mais qui symboli-
quement ne signifie pas autre chose que
l'immobilité d'un homme, concentré dans
une pose méditative, les regards fixes,
abstraits de leur sens, pour ainsi dire, et
comme pétrifiés sur un même point, dans
la crainte que ses yeux errants n'égarent
son âme et ne la conduisent émue, dis-
traite, précipitée du ciel, sous l'impres-
sion involontaire de quelque stérile objet
des sens.

Maintenant, un mot sur quelques té-
mérités de cet ouvrage.

Toutes les personnes, qui ont lu nos
traductions du *Gita-Govinda* et du *Ritou-
sanhâra*, savent déjà que nous professons
un courageux attachement pour la fidélité. Nous sommes de ces gens qui
pensent, disent et pratiquent même qu'il
faut trois choses pour une bonne traduction. Demande-t-on lesquelles ? Nous
répondons, en parodiant un mot célèbre:

4

« De la fidélité d'abord , de la fidélité
ensuite, de la fidélité en troisième lieu. »
Effectivement, toutes les qualités de la
traduction peuvent se résumer dans ce
mot seul, *fidélité* au sens, *fidélité* à l'expression ou l'image , *fidélité* au tour ou
mouvement.

Soldat résolu, nous avons donc abordé,
quand elle commandait, sans hésiter et
de face, une position bien souvent des
plus scabreuses.

Au reste , ce livre n'est pas destiné à
des collégiens , ni aux demoiselles nou-
vellement sorties du pensionnat ou du
couvent, ni même aux jeunes femmes.
Les lecteurs, dont il sollicite l'impartial
examen et qui, nous en avons l'espérance, daigneront honorer ces deux
traductions nouvelles de l'accueil bienveillant, qu'ont reçu les deux sœurs
aînées, ce sont les savants, les personnes
qui cherchent dans une lecture une
instruction sérieuse , les hommes qui

s'occupent à cultiver les champs presque vierges du sanscrit; et c'est en faveur de ceux-ci naturellement que nous avons pris sur nos épaules cette fatigante peine de traduire vers pour vers; chose, que nous avons indiquée par ce trait de filet —, quand nous avons pu le faire; et, si la nécessité nous a contraint de réunir ensemble deux ou plusieurs vers, une étoile, jetée ainsi * à la fin, prévient nos lecteurs de cette peu fréquente exception.

Déjà nous avons justifié dans l'introduction, mise en tête du Ritou-sanhâra, les franches allures de nos traductions; mais peut-être ne serait-il pas inutile d'appuyer encore ici notre apologie ancienne avec le contrefort d'une nouvelle comparaison.

On s'amuse à parcourir les dessins, que des voyageurs ont exécutés sur place au milieu de l'Océanie ou de l'Afrique, et l'on n'est point blessé de ce qu'ils présentent à nos yeux des jeunes filles, enveloppées de l'air seul pour unique vêtement, selon une pittoresque locution, que j'emprunte ici aux ascètes du brahmanisme indien. Demande-t-on pourquoi l'artiste n'a pas su mettre un voile à ce même endroit, où il attache inutilement un de ces étroits coquillages, que l'on appelle des *porcelaines* dans un langage familier, mais expressif, et des *cyprines* en conchyliologie, emblème ingénu de virginité, qui se balance, flotte et se joue en toute liberté au milieu d'une taille adolescente? Non; car il eût fait un contresens, s'il avait chastement prêté une ceinture à ces jeunes filles. Pourquoi? C'est qu'alors ce n'aurait plus été des vierges, mais des épouses; et la pudeur effarouchée du crayon eût tourné en faute inexcusable contre la vérité du costume local dans ces tropicales régions, où l'usage naïf est tout l'opposé de cette coutume, qui avait stéréotypé la

périphrase des poètes grecs et latins :
déposer sa ceinture à l'autel de l'hymen,
voulant dire à l'occasion d'une fille
vierge, *intacta virgo*, qu'elle célébrait
la cérémonie de ses noces. Dans ces pays
brûlés du soleil, au contraire, la ceinture
est le symbole du mariage, et doit cacher
désormais ce qu'il n'appartient de voir
qu'aux seuls regards d'un époux.

On ose donc se flatter que les érudits
sauront apprécier dans nos traductions
le soin de conserver dans toute son ex-
centricité littéraire la physionomie indigène, de n'altérer, autant que possible,
aucun trait du type naturel et de respecter, à nos risques et périls, la lettre
même de ces antiques poésies, comme
les restes encore debout de ces vieux
temples, où des emblèmes, qui, pour les
yeux d'un ignorant libertin sont les re-
présentations de choses obscènes, im-
pures, de mauvais lieux, ne peignent
devant l'esprit éclairé du savant que des

idées essentiellement religieuses, la naïve métaphysique des causes premières et les théosophiques mystères de la philosophie primordiale.

Il nous reste encore à justifier une qualification un peu ambitieuse et qui pourrait sembler une véritable usurpation au seul aperçu du frontispice, mis en tête de ces deux nouvelles traductions, que nous appelons absolument les premières, qu'on ait publiées de Tchâaura et de Bhartrihari, vêtus de cette langue française, en place de leur habit indigène.

C'est vrai du Tchâaura et de la centurie concernant l'amour; mais, quant au reste, ce n'est pas entièrement exact, puisqu'il existe une soi-disant version du Váiragya et de la Niti dans la traduction d'un livre hollandais, si néanmoins on peut appeler version une chose, qui est à Bhartrihari, j'ose le dire, ce qu'est un mufle de brute à l'égard d'une tête humaine.

Abraham Roger, missionnaire hollandais, résida environ dix années dans la ville de Paliakatta, au pays des Carnates, où il se lia d'amitié avec un brahme savant, nommé Padmanâbha, c'est-à-dire, *celui sur le nombril duquel est poussé*, à l'origine du monde, *une tige de lotus;* un de ces appellatifs, que les familles de brahmes choisissent pour leurs fils en commémoration de Vishnou. Ce fut dans ses entretiens avec lui, qu'il recueillit à peu près toutes les choses, rapportées dans son volume, duquel Thomas de la Grue nous a donné une traduction sous le titre suivant : *La porte ouverte pour parvenir à la connaissance de la vérité, Amsterdam,* 1670, *in-4°.*

Le brahme fit connaître Bhartrihari au missionnaire, et l'asiatique du midi prit la peine de traduire verbalement à l'européen du nord le Vairagya et la Niti ; mais il se refusa à lui rien expliquer du chapitre sur l'amour ; sans doute que, prêtre, il craignit d'exposer aux yeux d'un prêtre ces lascives nudités, au milieu desquelles et sans aucune pudeur aime à se promener la poésie indienne avec une liberté, que nos mœurs peuvent trop souvent appeler une obscène licence.

Padmanâbha ne savait pas le hollandais; et ce fut le portugais, qui servit d'interprète aux deux conversants (1).

Ainsi le brahme expliquait le sanscrit en portugais, comme un étranger, qui traduit une langue morte dans un idiôme, qui n'est pas sa langue naturelle, c'est-à-dire, avec un style tout

(1) C'est là, du moins, ce que dit Bohlen, dans sa préface latine; mais je ne sais vraiment où il a pris cette opinion, qui parait mal fondée en face des paroles suivantes, que nous lisons dans *la vie de Bhartrikari*, mise par le missionnaire hollandais en préliminaire de sa traduction : « Duquel original le brahmine Padmanaba m'a « traduit ces sentences, excepté les amoureuses, lesquelles, « pour quelques raisons, comme il me faisoit paroistre, il « ne me voulut pas dire en Flamen. »

d'improvisation, sans doute fort libre, nécessairement très-inexact et toujours chargé de ce trouble vaseux, inhérent à des eaux, qui n'ont pas eu le temps de déposer.

Le missionnaire ensuite changeait pour lui-même ce portugais, saisi comme à la volée, en phrases hollandaises, qu'on devait nous tourner, quarante ans plus tard, dans ce français, déjà vieilli à l'époque même du traducteur.

Cette prétendue version n'est donc, à bien parler, que la traduction de la traduction d'une traduction, c'est-à-dire, une descendance du texte sanscrit à trois degrés, et ne ressemble guère plus à à Bhartrihari que le *Virgile travesti* de Scarron ne ressemble à l'*Énéide*.

Qu'on en juge d'après ces deux ou trois sentences, prises comme au hasard dans le Bhartrihari de Roger et mises en parallèle, d'un côté, avec la version, que nous donne à lire Thomas de la Grue; de l'autre, avec celle que nous avons l'honneur d'offrir au public.

TRADUCTION PAR Th. DE LA GRUE.

Celuy, qui est né en ce monde, et qui ne se soucie pas de faire des bonnes œuvres, pour avoir du bien en l'autre vie, est comme une personne, qui faisant du feu de *Sandel* veut cuire de l'écorce de *Zingeli*, dans un pot de rubis, d'yeux de chat, et de diamants; ou comme une personne, qui laboureroit la terre avec une charuë d'or, pour y semer de la zizanie, ou comme un autre qui voudroit racourcir un jardin de dates, ou de figues, pour y semer du *Naetsemi* (Page 341).

L'avarice déliera le ventre comme un nœud: le bon chemin est fermé par ce moyen-là comme une fleur par la pleine Lune: la honte est comme une branche coupée par la hache; elle fait sauter et danser l'homme afin qu'elle soit rassasiée (299).

Un bon saint ne désirera pas *Bramhoudam*; car comme la mer ne se gaste point par le remuëment d'un poisson, ainsi de mesme un saint par toutes les joyes de ce monde (316).

Traduction par Hippolyte Fauche.

Malheureux l'homme vertueux, qui ne marche pas dans ce monde pour embrasser un héroïque ascétisme ; il ressemble au fabricant d'huile, qui ferait bouillir du sésame dans une chaudière de lapis-lazuli, sous laquelle, à grand tas, il met brûler du santal, ce bois si précieux ; il ouvre des sillons avec une charrue à soc d'or sur une terre, qu'il doit emblaver avec les semences de l'ivraie ; il taille en guise de pieux les plus riches morceaux de camphre, afin de s'en faire une haie pour enclore un champ de kodravas (1). *Niti*, 98.

Ce qu'il y a de plus propre à casser le nœud, qui retient liés à nous des bonheurs grands et désirés ; ce qui est pour un bouquet des plus éminentes vertus ce que la lune est pour le nymphéa épanoui, qui se fane à son flambeau nocturne ; ce qui est comme une hache, qui sape l'arbre de l'aimable pudeur : c'est le ventre, ce vase difficile à remplir et qui produit la misère. *Vairagya*, 23.

L'œuf brahmanique, c'est-à-dire, le monde, n'est qu'une boule : comment serait-ce le souhait du sage ? Les mouvements du çaphari ont-ils jamais produit l'agitation de l'océan ? 94.

(1) *Paspalum frumentaceum*, espèce de semence, dont les indigents se nourrissent.

LES SENTENCES

ÉROTIQUES, MORALES ET ASCÉTIQUES

DE

BHARTRIHARI.

ADORATION AU DIVIN GANÉÇA !

ENSUITE,
LA CENTURIE DE L'AMOUR.

Adoration à cette *divinité* bienheureuse, qui s'est choisi des armes parmi les fleurs, — de qui la manière d'opérer *si* admirable est indescriptible aux sens par l'organe des paroles; — elle, qui put asservir à des travaux domestiques Brahma, Swayambhou (1), Çiva même, et fit tou-

(1) C'est-à-dire, *l'Être qui existe par lui-même;* ce nom est ici donné à Vishnou.

6

jours *de ces dieux* les esclaves de femmes aux yeux de gazelle !* 1.

I.

Le sourire, le geste, la pudeur, la timidité, — vous regarder avec des yeux demi-obliques ou détourner de vous le visage, — les entretiens (1), la jalousie, les brouilles, l'*agaçant* badinage : — toutes ces façons d'être ou d'agir sont assurément les anneaux d'une chaîne, qui est la femme. 2.

L'art de faire jouer un *beau* sourcil, des yeux baissés, des regards obliques, — une parole aimable, un rire plein de pudeur, — un jeu folâtre, une indolence *gracieuse* dans sa marche et dans sa pose : — c'est la parure et *c'est* l'armure des femmes. 3.

Les regards des *amants*, essaims d'abeilles, dont les jeux étincellent autour de ces lotus, *frais visages* des nouvelles mariées ; ces regards se rassassient, pour ainsi dire, *à contempler d'elles* ces yeux mobiles, qui tantôt *vous* brisent avec un beau sourcil plein d'orgueil, tantôt sont inclinés par la pudeur, tantôt émus de crainte, et tantôt

(1) Littéralement : *paroles.*

pétillants du feu même *de l'amour et du badinage.* 4.

Un visage brillant comme la lune, des yeux faits pour donner ce plaisir, que l'on goûte à voir des lotus ; — un coloris, qui efface la teinte de l'or ; des cheveux, qui surpassent les essaims d'abeilles en multitude ; — deux seins, qui séduisent par la grâce attachée aux bosses frontales de l'éléphant ; une région pesante de nitamba ; — une suavité enchanteresse dans la voix : ce sont là, dans les jeunes filles, des ornements, qu'elles doivent à la seule nature. 5.

Un visage un peu riant, une richesse de regard mobile et plein de candeur, — des cheveux ornés avec goût ; si elles parlent, une suavité de voix fraîche et folâtre ; — quand elles se mettent à marcher, une foule de mouvements badins comme le balancement des rameaux : — c'est là ce qu'on voit dans les jeunes filles aux yeux de gazelle. Quelle chose aimable n'est-ce point ici-*bas* au moment qu'elles touchent *le seuil même de* l'adolescence ! 6.

Dans tout ce qui existe à voir, est-il un objet plus beau que le visage d'une jeune fille aux yeux d'antilope *et* vous souriant d'amour ? — Dans les choses que l'on respire, y a-t-il rien de plus suave que le souffle de sa bouche? Dans celles que l'on entend, est-il rien de plus harmonieux que sa voix? — Dans les choses que l'on mange, est-il rien de plus délicieux que la saveur du *frais bourgeon de ses lèvres*? Dans le domaine du toucher, sent-on rien de plus doux que son corps? — Qu'y a-t-il de mieux à voir dans la pensée que l'image d'une jeune fille nouvelle éclose (1)? Partout ceux dont le cœur est aimant éprouvent une émotion, qui vient d'elle! 7.

Celles qui semblent, par le son de leurs noû-pouras (2) et le tintement élevé de leur ceinture, marié au *gazouillement des* bracelets vacillants, avoir, *en quelque façon*, dérobé son ramage au phénicoptère;* — de qui ces jeunes filles ne font-elles point l'âme esclave + par les regards obliques de leurs yeux, qui ressemblent à ceux de la gazelle amoureuse (3) et tremblante? 8.

(1) Ce n'est pas le sens donné par Bohlen : qu'a-t-il fait du mot *souridaydis* ?

(2) Voyez l'explication de ce mot, que nous avons déjà employé, dans nos traddctions du Gita-Govinda et du Ritou-sanhâra, page 145.

(3) *Inquiète*, avais-je mis d'abord, comme Bohlen ;

Quand elle a son galbe arrosé avec la poussière du safran, — son collier, qui se balance sur sa gorge d'or (1), ses noûpouras, qui chantent, comme des cygnes, parmi les nymphéas de ses pieds, — quel homme sur la terre une belle fille ne peut-elle réduire en servitude ? 9.

Oui, certes! ils avaient des choses une idée contraire *à la vérité* (2), ces grands poètes, — qui, parlant des femmes charmantes, ont toujours dit : « le sexe faible (3). » — Comment *appeler* faibles celles, de qui les yeux coquets, aux étoiles plus tremblantes *que les astres du ciel*, ont vaincu Indra même et les autres dieux ! 10.

En vérité, l'Amour est l'esclave sicaire de cette belle aux gracieux sourcils; — car il se tient embusqué dans les défilés de ses yeux, dont il connaît bien tous les passages. 11.

mais, dans les différentes significations de MOTCRNA, *conturbatus, amens, amore captus*, j'ai adopté la dernière, parce qu'elle nous donne une image de plus.

(1) Littéralement : *jaune*.

(2) Mot à mot : *ils avaient l'esprit faux*.

(3) Il y a ici un jeu de mot sur l'expression poétique *abald*, qui veut dire *sans force*, DEBILIS au féminin, e MELIER, *une femme*.

Tes cheveux domptent *les cœurs*; tes yeux, *bien fendus*, vont jusqu'à la rive citérieure de l'oreille; — *les deux rangées de* tes dents, pures de leur *seule* qualité naturelle, meublent tout l'intérieur de ta bouche; — les coupes jumelles de tes seins sont le brillant et continuel séjour des perles; — aussi, délicate fille, ton corps, sans même se mouvoir, nous cause une vive émotion. 12.

Jeune folle, quelle est cette archère, comme jamais on n'en vit ici même, — puisque nos âmes sont blessées, non point avec des flèches, mais avec ses charmes seuls? 13.

Bien qu'un flambeau éclaire, bien que brille un feu *allumé*, bien que rayonnent les astres, *ou* le soleil *ou* la lune; — loin de celle qui ressemble par ses yeux au faon d'une gazelle, ce monde *n'est* pour moi *que* ténèbres. 14.

Ce faix *voluptueux* de seins arrondis, ces yeux tremblants, ces lianes mobiles des sourcils, — et ce *frais* bourgeon des lèvres causent un trouble certain au cœur des hommes, que le désir aveugle; *mais comment cette* ligne impérissable de félicité, que le dieu aux armes de fleurs a dessinée lui-même; — comment, *dis-je, est-il possible que* ce gazon noir, semé devant la ceinture (1), allume encore une chaleur plus grande ! 15.

Avec sa *jolie* charge de gorge pesante, avec sa resplendissante figure de lune, — avec la marche lente de ses pieds, elle brille, comme si l'on avait taillé son corps dans une étoile (2). 16.

Si les seins renflés de cette *jeune fille*, sa ravissante chûte de reins, — et son charmant visage ont pu jeter un peu de trouble en ton âme ; — si ton désir est *tendu* vers ces voluptés, pratique la vertu : — car, où les vertus manquent, *on ne voit* point arriver les choses, que l'on désire. 17.

Il est une question à juger avec impartialité (3) ; — que les sages en décident ; l'une ou l'autre chose est près de nous : — « Faut-il vouer son

(1) Il semblera sans doute que j'aurais dû ici, non pas gazer si légèrement l'obscénité du texte, mais l'escamoter entièrement : du moins, n'ai-je pas accru la faute, comme le traducteur en latin. Il ose dire beaucoup trop littéralement : « *Illa crinium fascia, IN VESTRA TEO, conspicua;* » l'original sanscrit n'est pas si nu, il porte seulement : « *Illa pilorum series in medio stans.* »

(2) Littéralement : *planète.*

(3) Mot à mot : *l'envie étant mise de côté.*

culte aux nitambas des montagnes ? — ou doit-on le vouer aux nitambas des jeunes filles, joueuses et souriantes d'amour ? » 18.

Dans ce monde sans vigueur, deux sentiers mouvants de bonheur sont offerts à l'homme ins-truit (1) : — que la mort vienne un jour le frap-per, tandis qu'il enivre son âme par la science de la vérité, comme avec une eau d'ambroisie; — si mieux il n'aime tenir dans ses bras des femmes amoureuses, qui ont voué leur faix gracieux de djaghanas et de seins à la volupté; courtisannes,— qui s'offrent d'elles-mêmes, enflammées par le désir, au contact de la paume d'une main, glissant pour se cacher dans les régions où se dérobe un charme (2) potelé. 19.

Par son visage aussi beau que la lune, par ses cheveux noirs et longs, — par ses mains, qui imitent la rougeur du nymphéa nélumbo, elle brille, comme si elle était faite de pierreries. 20.

Elles rendent fou, elles enivrent, elles *vous* contrefont, — vous menacent, vous réjouissent,

(1) Ce mot dans le texte est mis au pluriel.
(2) Oupastha, *genitale.*

vous consternent : — certes! que ne font pas ces *femmes* aux yeux charmants, une fois qu'elles ont pénétré dans le cœur amoureux des hommes! 21.

II.

Une svelte *jeune fille* marche (1) dans les ombres, — causées par les arbres *touffus* d'une forêt; elle suspend son pas, le suspend encore; — et sa main, qui tient levé *sur sa tête* le vêtement supérieur, qu'elle a détaché de sa poitrine, — *semble vouloir* en éclipser même les rayons de la lune. 22.

Quand on ne la voit pas, elle ne veut que se laisser voir; — est-elle vue, elle semble chercher la saveur seule du baiser (2) : — mais nous, dans l'embrassement des *femmes* aux grands yeux, — nous *les* conjurons de faire un seul corps avec deux. 23.

(1) Le texte emploie dans ce vers le parfait avec redoublement, mais évidemment il en est ici de ce prétérit, comme du second aoriste grec, appelé vulgairement d'*habitude*; car il s'y agit d'un fait, non pas individuel, mais générique.

(2) Littéralement : *amplexûs*.

Sa couronne de jasmin sur la tête, son visage
levé comme une fleur dans son épanouissement,
— son corps semé de safran, accompagné de
santal, — ravissante *de plus* avec sa belle poitrine, une bien-aimée, — c'est le paradis même,
où l'on entre, conduit (1) par la prière. 24.

D'abord, elle s'approche de moi avec une
vertu un peu aventurée; après, vient le désir; —
puis, elle se hâte vers l'instant de satisfaire cette
envie, mais avec pudeur; ensuite, elle met bas
toute réserve (2); — la volupté humecte ses
charmes (3), objet d'un immense désir; enfin,
audacieuse dans ses jeux, — elle cause un plaisir
infini par les mouvements, qu'elle ne craint pas
de communiquer à ses membres: *voilà ce qu'est*
une gentille-femme; la jouissance avec elle est
une chose délicieuse! 25.

Les époux, dans l'*ivresse du* bonheur sucent
le miel des lèvres à la bouche de leurs épouses,

___

(1) Nous avons obtenu cette signification en dérivant le
participe composé *pariçishta*, non du verbe *çish*,
relinquere; mais de *çds*, qui fait au participe *çishta*, et
dont le composé *dçds* signifie *precari, petere, cupere*.

(2) Littéralement: *fermeté*.

(3) Ramas, *occultium*.

— dont les cheveux en longues tresses détachées sont retombées de leurs têtes sur la poitrine, — dont les yeux à demi-fermés s'entrouvrent faiblement, *comme un bourgeon, quand il commence d'éclore,* — et dont la surface des joues est toute baignée par une sueur née de la volupté. 26.

Ces larmes (1), que la volupté exprime des yeux clignotants à la fin d'une lutte amoureuse, les amants observent, et non sans vérité, que c'est la pluie, qui éteint le feu du brûlant désir. 27.

L'impuissance (2), cette chose indigne, que les changements subis par les organes de l'amour font naître ici dans la vieillesse des hommes;* — cela, *dis-je, cela* même n'arrive point à l'égard des femmes aux riches nitambas; — car l'âge, où

(1) C'est ici à peu près toute l'idée contenue au latin de Bohlen, mais ce n'est pas du tout la traduction du texte original. Il n'y a pas là autre chose, il faut l'avouer, qu'une obscénité crue. Nous la traduirons mot à mot en latin, si la pudeur ne permet pas de la donner en *bon* français : — « Qui nictantibus oculis amatoriá è pugná fit copulationis liquor, hoc insimul ut veram lascivi dramatis catastrophen amantium paria sane dignoscunt. »

(2) *Akramas.*

elles voient leurs seins tomber sur la poitrine, est encore celui de la vie ou de la volupté. 28.

Dans le monde, voici le fruit de l'amour : c'est qu'il fait une seule âme avec deux personnes ; — *mais*, quand le désir assemble un couple d'âmes non sympathiques, ce n'est, pour ainsi dire, que mettre ensemble deux cadavres. 29.

D'où vient ce don secret de charmer, que les femmes aux yeux de gazelle trouvent dans ces entretiens libres, — embaumés de bienveillance, saturés de plaisir, où l'on respire une langueur issue de la volupté ; — causeries au doux parler, qui semblent éprises d'une brûlante affection, où la joie étincelle, — où la nature a semé ses dons les plus heureux ; *causeries enfin*, qui savent insinuer la persuasion, *et* qui font poindre au ciel *comme l'étoile* du cœur. 30.

Faites-vous une habitation, soit au bord du Gange, qui lave dans ses eaux les souillures de l'âme, — soit entre les seins d'une jeune femme, *site* ravissant, où se balance un collier de perles. 31.

Qu'un *froid* orgueil étende son empire (1)

_____

(1) Littéralement : *ses pas.*

dans le cœur des jeunes filles en tête à tête avec un amant : *c'est possible ; mais* tant — que le vent pur du mois printanier n'a pas encore soufflé son haleine embaumée de santal. 32.

III.

ENSUITE,

LA DESCRIPTION DES SAISONS.

Ici d'abord, LE PRINTEMPS.

Les vents promènent les senteurs exquises, les bourgeons nouveau-nés éclosent par millions sur les rameaux *des arbres ;* — l'épouse ailée des pikas annonce avec un chant doux la fin de sa tristesse ; — le visage des femmes, beau comme la lune, est *perlé* d'une sueur rare issue de la volupté : — tandis que *le mois de* madhou parcourt sa carrière, de qui ne voit-on point *l'astre des* qualités aimables se lever, dans la nuit, *sur l'horizon ?* 33.

Ce madhou, avec le mélodieux ramage des kokilas et les *haleines des* vents, qui soufflent du Malaya, — fait mourir les âmes, que l'absence tient séparées de leurs amours. — Hélas ! dans le malheur, l'ambroisie même se tourne en poison ! 34.

Une habitation, n'importe même laquelle, à côté d'une amante, ses non-chalantes agaceries, — le ramage des kokilas et *le roucoulement* des palombes, *qui vous enchantent* l'oreille, une tonnelle épanouie de lianes *odorantes*, — les entretiens de quelques poëtes distingués, les adorables clartés de l'astre aux blancs rayons : — *voilà des biens, qui* rendent, au mois de tchâitra (1), les nuits délicieuses pour tous ceux, dont ils réjouissent le cœur et les yeux. 35.

L'épouse du voyageur étend la portion du sacrifice dans le feu de la séparation : « Qu'il n'en soit plus ! *dit* cette perle *des femmes*. Les amantes des pikas ne voient plus mon époux errant avec tristesse dans les bosquets de jasmins : » — soufflant du mont Crikhanda, sans craindre l'expansion de leurs fatigues, et parfumés des senteurs nouvelles de la bignonne odorante, ces vents rapportent des régions plus orientales une charge *abondante* de maraudage *embaumé.* 36.

(1) Il comprend la fin de mars, le commencement et le milieu d'avril.

Dans ce mois, où tout est rempli de parfums, que disperse jusqu'aux dernières limites de l'espace une masse infinie d'étamines, *qui se hérissent* snr la fleur des sahakâras ; — dans ce printemps, où la ruche au doux miel est délaissée par l'abeille, y a-t-il un homme, qui ne sente pas son cœur agité par l'amour et le désir ? 37.

IV.

Esscits, L'ÉTÉ.

Une fille aux yeux de gazelle, aux mains humectées par une eau de santal bien limpide, — les appareils hydrauliques, et les fleurs, et les clartés de lune, — la brise douce, la tonnelle fleurie, la plate-forme d'une blanche maison — sur-ajoutent dans l'été une force nouvelle au plaisir de l'ivresse et au sentiment de l'amour. 38.

Les bouquets, un parfum délicieux, le souffle d'un éventail, les rayons de la lune, — le pollen des fleurs, un lac, la poudre *embaumée, que produit l'arbre pulvérisé* du Malaya, le sidhou (1) par, — le sein d'un palais blanc, un habit très-délié, une femme aux yeux de gazelle : — ce sont

(1) *Rum distilled from molasses.* Wilson, *Dict. sanscr.*

là des *roluptés*, que s'empresse d'acquérir au temps chaud tout homme, qui sait parfaitement s'arranger (1) une vie agréable et commode. 39.

Une maison pure comme l'ambroisie, la lune, qui reluit avec des rayons sans tache, — le lotus épanoui sur le visage d'une amante, la poudre aux senteurs nompareilles du bois né sur le Malaya, — les couronnes, les parfums suaves: tout cela même produit une agitation intime dans dans l'homme esclave des passions; mais non dans le sage, qui détourne sa tête du monde *périssable* des sens. 40.

V.

ENSUITE, LA SAISON DE LA VARSHA OU DES PLUIES.

A qui ne cause pas de plaisir *et* la parure d'une jeune fille, *et* des amours enflammés, *et* les jas-

(1) Nous sommes, dans une partie de ce quatrain, en opposition avec le docte prussien, qui tourne ainsi la fin : « *candida hominum urbanorum societas, nitida domus,... his facile gaudent bonis... riri probi.* » Soukriti, en effet, signifie ordinairement un homme, *qui fait de bonnes actions;* mais quel rapport y a-t-il entre un éventail

mins qui s'épanouissent, *et* l'odeur excellente des fleurs, *et* la femme aux seins pesants, droits, étoffés, *et* la saison des pluies ?" 41.

Le nuage, dont le ciel est couvert, les champs, parsemés de jeunes pousses, — les odorantes haleines du vent, que parfument les senteurs des kadambas (1) et des koutadjas (2) nouveaux, — les bois, que la famille des paons amusent avec le bruit de ses chansons : — *tout* inspire à tout, ou joyeux ou triste, un sentiment de mélancolie. 42.

Un nuage supérieur saillit obliquement, *comme l'étalon*, une masse *inférieure* de nuages (3), les

et la vertu, un lac et la probité, une bouteille de rum et les obligations morales ? ce mot n'a donc ici que la valeur toute restreinte d'un homme *qui fait bien*, c'est-à-dire, qui sait vivre au point de vue physique, se donner le bien-être, faire ce qu'il faut pour mener doucement la saison.

(1) *Nauclea orientalis.*

(2) *Echites antidysenterica* ou *Nerium antidysentericum.*

(3) La comparaison est indiquée seulement ; nous avons dû l'exprimer toute entière, afin d'éclaircir le sens, qui mot à mot est obscur. Le voici :

« Une masse de nuages (*asti* sous-entendu, *est*) ayant d'une manière oblique un nuage sur elle. »

paons *amoureux* dansent au milieu des montagnes, — la terre est toute blanche de nouveaux kandalis (1): où veut-on que le voyageur, *séparé de sa femme*, puisse jeter un sentiment, *non de tristesse, mais* de plaisir ! 43.

De ce côté, la splendeur *éblouissante* de l'éclair, *qui serpente* comme une liane de feu; de cet autre, les arbres kétakis (2), — d'où jaillissent d'enivrantes senteurs ; par ici, le rugissement du nuage, dont le son va se prolongeant *sous la voûte céleste;* — par là, ces doux cris des paons dans leurs ébats joyeux : *comment donc*, pour les femmes aux yeux voilés de longues paupières, — comment pourront-ils marcher, ces jours de la séparation, quand tout alimente *ainsi* la passion *autour d'elles !* 44.

Tandis que les ténèbres dans les cieux empêchent l'univers de se manifester *à la vue;* tandis que, du nuage élevé, — tombent les flèches bruyantes de la foudre, et que les rochers versent un amas d'eau ; — cet éclair, dont la splendeur

(1) Voir, dans ma traduction du Ritou-sânhâra, page 136, note 2.

(2) *Pandanus odoratissimus.* Le texte porte ce mot au singulier, et non, comme nous, au pluriel.

n'est pas moins aimable que l'or *même*,—raconte *éloquemment*, *par ces alternatives de nuit et de lumière*, dans les routes *de l'époux en voyage*, et la joie *du retour* et *la tristesse de l'absence*, qui se *partagent le cœur* d'une épouse aux yeux ravissants. 45.

Dans la saison des pluies, tandis qu'il est impossible aux maris bien-aimés d'aller hors de la maison, — ils tiennent leur épouse aux grands yeux embrassée fortement, à cause du froid, qui la fait trembler : — continuez *donc*, ô vents, qui surmontez *dans vos courses* une lassitude immodérée (1) ; et vous, froides pluies tenues, *continuez !* — puisque la compagnie d'une femme chérie, ô bonheur ! change pour ces époux heureux le mauvais temps en beau jour ! 46.

VI.

Esseir, L'AUTOMNE.

Quand il a passé une moitié de la nuit sur la plate-forme solitaire de son palais, où de joyeuses

(1) Nous avons déjà vu cette image associée dans le trente-sixième quatrain à celle des vents ; aussi, préférons-

et longues voluptés ont brisé ses membres énervés ;
quand sa soif a grandi jusqu'au point d'être in-
supportable, un amant hors d'haleine ne boit pas
de ses lèvres déchirées les rayons (1) du clair-de-
lune ; mais il aime à s'enivrer de vin, et repousse
l'aiguière, où les mains allanguies de son amante,
fatiguée de jouissance, ne craignent pas de lui
présenter l'eau *fiévreuse* de l'automne." 47.

VII.

Après cela, vient L'HIVER.

Dans l'hiver, manger du beurre clarifié, du lait
et du caillé, porter un habit teint dans *la couleur
donnée par* le màndjistha (2) ; — fatigué par des
embrassements variés, oindre son corps avec les

nous ce sens même à celui-ci de Bohlen : « *immodicam
curam dispergentes*, les vents, qui répandent une tristesse immodérée. » D'ailleurs, quel mot du texte peut
signifier *dispergentes* ?

(1) Bohlen traduit *dçan*, littéralement *escam, aliment*,
comme si le texte portait *açan*; et je regrette qu'on ne
lise dans aucun manuscrit *ançôun*, qui s'adapte bien à la
mesure et qui signifie *radios*, mot exigé par le sens général de la phrase.

(2) *Rubia mandjith*, plante de rouge couleur.

ondes redoublées du safran, — serrer dans ses
bras une amante à la gorge potelée en quelque
chambre intérieure de sa maison, — remplir sa
bouche avec un tas de feuilles *cueillies sur les
branches* du tâmboûli (1), et là-dessus goûter un
sommeil délicieux : voilà, *dis-je, en hiver*, la vie
des gens heureux ! 48.

VIII.

Ensuite, le çiçira ou LA SAISON DE LA ROSÉE.

Baisant les *roses* parois des joues sur un visage
battu par les boucles de cheveux, imposant le
froid à toutes choses, — amenant sous les voiles
jetés sur les poitrines une éruption de poulaka (2)
dans le fardeau rond des seins, — insinuant le
frisson dans les cuisses, soulevant les ançonkas
de dessus les hanches (3) potelées, — n'est-il pas
évident que le vent du çiçira imite, en soufflant
ainsi, les manières d'un effronté libertin (4) à
l'égard des jeunes et belles filles ? 49.

(1) Bétel, *piper betel.*
(2) Horripilation, ou seulement ce qu'on appelle d'un
mot familier chair-de-poule.
(3) *Djaghana*, muliebre pudendum ; *tata*, clunis.
(4) Littéralement : *a catamite*, en anglais.

Il secoue les chevelures, il force les yeux demi-
clos à rougir comme un bouton de fleur, il jette
violemment à bas les habits, — il cause la venue
de l'horripilation, *comme la volupté;* il embrasse
de son haleine et par là il fait naître peu à peu
le tremblement; — après qu'il a soufflé une fois
ou deux sa froidure piquante, il imprime aux
lèvres sa blessure : — c'est ainsi que maintenant
on voit communément ce vent du çiçira imiter au
milieu des belles toutes les façons d'agir d'un
amant. 50.

ICI FINIT

LA DESCRIPTION DES SAISONS.

IX.

«Qu'elles soient réputées méprisables, ces choses
des sens, dont la satisfaction exige des travaux,
qu'on abandonne avec peine !—*on parle ainsi,
ou l'on dit encore:* « Fuyons d'une terre, que
doivent troubler (1) seulement tous les péchés! »
— Néanmoins quelle toute-puissante *et vraiment*
indicible estime pour le monde se glisse au cœur

(1) Le verbe radical *goup* signifie au désidératif:
1°....; 2° *perturbaturum esse* (Westergaard).

do ceux mêmes, dont l'esprit est fixé dans *la méditation de* la vérité !* 51.

Vous, *d'un côté*, vous trouvez un habile précepteur dans la pensée, qui s'est appliquée à l'étude *sainte* du Védanta ; — nous, *d'un autre*, nous sommes les disciples mêmes des poètes au docte langage : — ainsi, *comme* il n'est pas sur la terre, *selon vous*, une vertu supérieure à celle de procurer le bien à autrui ; — *de même*, il n'existe pas dans ce monde, *suivant nous*, un autre objet plus aimable que la femme aux yeux de lotus. 52.

Qu'est-il besoin ici de vaines disputes, jointes à de nombreuses paroles ? — Il est deux choses, que les hommes doivent toujours cultiver ici-bas : — ou la jeunesse des femmes, brisées de porter le poids d'une *belle* gorge et désirant s'ébattre dans une ivresse nouvelle, ou la *mortification au sein d'une* forêt !* 53.

Hommes, *écoutez* ! je dis une vérité, non pas vue *légèrement* et, *pour ainsi dire*, à vol d'oiseau (1), *mais avec attention;* car — c'est un fait

(1) *Ex partium studio*, nous dit le traducteur latin ; cependant le sens des mots est ici fort clair : « pakshapâtât, *ex alarum volatu.*

admis comme assuré dans tous les mondes : — nulle autre chose ne ravit l'âme plus que les jeunes callipyges ; — elles sont la seule cause du mal, et il n'y en a pas d'autre. 54.

X.

Le flambeau pur de la sagesse reluit devant les hommes de bonnes œuvres seulement aussi long-temps, — que la femme aux yeux de gazelle ne l'éteint pas avec un regard fixe de ses yeux sémillants. 55.

Les Docteurs, de qui la bouche est uniquement l'écho des Védas, — ont sans cesse aux lèvres ce précepte *saint* : « Abandonnez la société ! » — Mais quel homme peut quitter ce djaghana des femmes aux yeux de lotus, où se jouent les or-nements d'une ceinture, qu'elles nouent dans une attache de pierreries aux couleurs de l'aurore ?" 56.

Ce Docteur, qui fuit (1) les jeunes femmes, comme le mensonge, *n'est qu'une étoile ennemie de lui-même*, *qui l'égare dans sa route* : — car

(1) Littéralement : *méprise*, *dédaigne.*

le ciel *n'est-ce pas* le fruit de la dévotion ? et le fruit du ciel, *ne sont-ce point* les Apsaras (1)? 57.

Il y a, sur la terre, des héros, qui ont la puissance de briser les bosses frontales d'un éléphant ivre de fureur ; — quelques-uns même sont capables de tuer le roi des animaux dans sa colère ; — mais qui parmi les forts *dois-je* proclamer devant *tout le monde,* parce qu'il a pu — briser l'orgueilleuse tyrannie de l'Amour? *Bien* rares sont les hommes tels que ce dernier ! 58.

Aussi long-temps l'homme reste assis dans la bonne voie ; aussi long-temps il commande en maître à ses organes des sens ; — il cultive la pudeur aussi long-temps ; il tient dans ses mains la modestie aussi long-temps, — que les yeux des femmes aux amoureux badinages, *ces yeux* aux noirs cils *et* prolongés *dans un trait de collyre* jusqu'à la région des oreilles, n'ont pas fait tomber dans son cœur ces flèches, qui ravissent à l'âme sa fermeté, et que décoche l'arc peint des sourcils. 59.

(1) Courtisanes ou nymphes célestes, qui jouent dans le paradis indien le même rôle, que les houris dans celui de Mahomet.

Quand les femmes entreprennent une chose dans la colère d'un amour insensé,—il est certain que Brahma lui-même n'aurait pas la puissance d'y opposer un obstacle. 60.

L'homme conserve intact la grandeur, la science, la noblesse du parentage, la sagesse, tant—qu'il ne sent pas flamber dans les cinq canaux des sens (1) le feu, qui s'allume de soi-même (2). 61.

L'homme, qui est même versé dans les saintes écritures, qui est même renommé pour sa modestie, qui possède même très bien la science relative à son âme,—est rarement un vase de bonnes œuvres dans ce monde,—à cause que la porte de la ville des enfers est ouverte ici,—comme avec sa clé (3), par les rameaux arqués du sourcil de la femme aux jolis yeux. 62.

(1) *Pantchaishou angaishou*, dit le texte, *dans les cinq membres.*

(2) C'est-à-dire, l'amour.

(3) Bohlen dit : *quia pulchriorularum incurvatus quasi superciliorum arcus intentus est :* le texte ne parle point ici d'arc. *Kuntchika* veut dire une *clé*, et ce mot est habilement opposé au participe OUTCHATAYANTI, *ouvrant*, qui termine le troisième vers de la stance.

Maigre, aveugle, boiteux, privé du sens de l'ouïe, écourté de sa queue, — couvert de plaies, stillant de pus, son corps assiégé par cent et cent familles de vers, — accablé de vieillesse, mourant de faim, et son cou déjà passé dans la gueule d'une marmite, — un chien *la quitte néanmoins*, et se met à suivre une chienne *en folie: tant il est vrai que* l'amour tue *encore plus* celui qui, *pour ainsi dire*, est *déjà* tué. 63.

Ce sceau de la femme, qui engendre l'amour et qui donne à tout bien sa perfection, — insensés les hommes, qui, l'ayant délaissé d'une âme injudicieuse, vont cherchant, mais en vain, le fruit de cet abandon : — c'est pourquoi ceux-là même qui l'ont brisé, *ce divin sceau* (1), d'une manière plus impitoyable, marchent tout nus et les cheveux rasés; — quelques-uns souffrent assis entre cinq feux allumés; d'autres mendient, la chevelure nouée sur la tête en faisceau, et tenant un crâne d'homme à leur main. 64.

Visvâmitra, Parâçara et tous les *ascètes* après

---

(1) Nous avons traduit ce passage d'une manière opposée au traducteur latin : c'est aux hommes qui savent le sanscrit de consulter le texte original, et de juger entre M. Bohlen et nous.

eux, qui n'avaient rien à manger que les vents,
de l'eau et des feuilles mortes, — tombèrent eux-
mêmes dans la folie, au seul aspect du lotus bien
charmant, épanoui sur un visage de femme : —
si *donc* ces hommes, de qui la nourriture se
compose du riz accompagné du beurre liquéfié,
comme du lait joint au caillé, *en reçoivent la
puissance de* maîtriser tout à fait les organes des
sens, *j'admets que* le mont Vindhya peut *aussi*
traverser l'océan *à la nage.* 65.

XI.

Dans ce mauvais monde, comment un homme
à l'esprit net pourrait-il imposer à sa raison, d'où
la fermeté s'est enfuie et la dévotion est tombée,
d'embrasser un *lâche* service aux portes d'un
palais, habité par un méchant roi ; * — s'il n'y
avait pas ces femmes aux yeux de lotus, qui ras-
semblent sur leur visage toute la splendeur entière de la lune à son lever ; — jeunes femmes,
de qui la ceinture fait vaciller ses joyaux et de qui
la taille s'incline *en avant* sous le poids d'un
beau sein ? 66.

Dans la caverne habitée par les saints, dessous
l'arbre, dont les racines plongent dans les épaules

du taureau de Çiva, — sur le sol de l'Himalaya, dont les rocs sont baignés par la Gauga, ce lieu fermement assis dans le salut, — quel homme sage rendrait le culte à Dieu et salirait sa tête par ses *dévotes* prosternations, — s'il n'y avait pas des femmes, à qui l'Amour prête ses flèches et de qui les yeux hardis semblent dérobés au faon de la gazelle ? 67.

O monde, la route, qui mène à s'affranchir de toi (1), ne serait pas très-éloignée, — si, dans l'intervalle, n'étaient pas des femmes aux regards enivrants, qui vous laissent difficilement aller plus loin ! 68.

XII.

Personne, ô roi, dans le monde, océan des désirs, n'en peut jamais atteindre la fin. — A quoi bon ces richesses abondantes, une fois que nos corps *ont vu* s'envoler *d'eux* la jeunesse en compagnie de l'amour ? — Allons *donc*, aussi long-temps que la *beauté des* formes n'est pas détruite

(1) Littéralement, avec une intention d'ironie : « *à te payer ce que l'on te doit; à te marquer la reconnaissance, que tu mérites.*

en nous par la vieillesse, qui s'approche *toujours*, qui s'approche *d'un pied* hâté; allons dans la maison des femmes les plus chéries, de qui les yeux ressemblent au bouton de l'indivara bleu, mêlé dans les koumoudas blancs épanouis!* 69.

Seul domicile où réside la passion, cause de grandes peines, subies dans une centaine de na-rakas *ou d'enfers*, — semence, d'où provient la folie, amas de nuages, qui offusquent la *rayon-nante* lune (1) de l'intelligence, — amie unique de l'amour, nœud, qui lie ensemble divers péchés manifestes ; — y a-t-il donc en ce monde-ci une autre calamité plus grande que la jeunesse, et qui mette le feu *comme elle* à sa maison même? 70.

Au sein même de la fraîche jeunesse, ce nuage, qui féconde l'arbre de l'amour, ce fleuve, dont les eaux sont la foule des jeux, cette bien-aimée sœur de Kâma (2), cet océan, jonché par une multitude de perles *charmantes*, cette lune, vers laquelle s'incline le tchakora des yeux de la tendre jeune fille, ce trésor *enfin* de Lakshmî, *déesse de*

---

(1) Littéralement, *la reine des étoiles*, périphrase usitée pour dire *la lune*.

(2) Le mot du texte, c'est Pradyoumna, un des noms, que porte l'Amour.

la prospérité; quel homme en sa jeunesse, *dis-je*, et dans ses *jours de* bonheur, ne songe point *avec tristesse* au changement, que doit subir un jour la beauté de ses formes!" 71.

XIII.

« Belle femme!.... un regard de nymphéa!....' une chûte de reins voluptueuse (1)!.... » s'écrie l'homme enflammé par le désir; — ou même encore: « Seins droits, bien renflés!.... joli visage de lotus!.... charmants sourcils!.... » — c'est ainsi qu'à la vue d'une femme il se délecte, il s'enivre, il sent une joie excessive, il célèbre ses appas; et pourtant il sait—que c'est une fille, de qui l'impureté est publique: oh! malheureuses aspirations de la démence! 72.

Entendue, la femme *nous* échauffe; — vue, elle ajoute à l'ivresse, *que sa voix a fait naître*; —touchée, elle nous précipite dans la folie: comment, chose étonnante (2)! pouvons-nous encore l'aimer! 73.

(1) Mot à mot: *onere largæ clunis eximia.*
(2) Nâma, *particule*, indiquant 1°.... 8° la surprise. (*Amara-kosha*, 1ᵉʳ vol., p. 350.)

Tant qu'elle reste sous le sens de la vue, elle semble un composé d'ambroisie : —a-t-elle quitté la région des yeux, elle surpasse *en amertume* le poison même. 74.

Quelque que soit la jeune callipyge, de qui vous parlez, ce n'est pas de l'ambroisie, ce n'est pas du poison : — amie, c'est une liane, *qui vous embrasse avec ses vrilles* d'ambroisie ; ennemie, c'est un pédoncule, *qui soutient les ombelles* du poison. 75.

Un gouffre d'incertitudes, un palais d'orgueil, une ville de châtiments, — un réceptacle de péchés, une fraude à cent formes, un champ de méfiances, — un obstacle mis devant la porte du swarga *ou du paradis*, la gueule *béante* de la cité infernale, une corbeille, où sont renfermées toutes les sortes de maléfices : —voilà ce qu'est le manège de la femme, par qui la création, changée du nectar au poison, est une corde, qui retient les hommes *attelés* au *char* de la folie. 76. ✝

Il est certain que cette lune n'est pas devenue un visage, que ces yeux mobiles ne sont pas des couples de lotus, que ces membres suavement agencés ne sont pas faits d'or ! —Pourquoi donc, hélas ! voit-on les poëtes seulement déguiser ainsi la vérité? L'homme cependant la distingue ; mais, insensé, il n'en adore pas moins la femme aux yeux de gazelle, sachant bien que son corps n'est qu'un *vil* composé de peau, de chair et d'os.* 77.

La coquetterie innée des femmes galantes — se glisse dans le cœur seulement de *l'homme* insensé : — ainsi l'abeille ne voltige, *attirée* par le plaisir, qu'aux lieux — où la rougeur du lotus *étale cette* perfection, dont il fut doué par sa nature. 78.

Distingué par sa grande beauté, qui efface la splendeur *enchanteresse* de la lune en son plein, —ce visage de lotus, que porte une jeune enfant aux membres *encore tout* délicats, est l'habitation du *baiser, le doux* miel des lèvres :—maintenant il est privé de saveur, tel absolument que le fruit de la plante pâka (1) ; — mais, ce temps *une fois* passé, il *vous* causera de la douleur, comme un poison. 79.

Une jeune beauté est comme un fleuve, dont elle représente *aux yeux* la surface des ondes par les sillons entrouverts de son triball *charmant ;*

(1) *Carissa carandas.*

les couples de canards, qui s'y jouent (1) deux à deux, par les seins relevés de sa gorge potelée ; les nymphéas, par les brillantes couleurs de son visage ; *mais son lit est dangereux, son cours à traverser* exige de pénibles efforts, et conduit rapidement *—à l'océan du monde : que l'homme se rejette donc au loin, s'il ne veut pas s'y noyer ! 80.

Les femmes, *toutes volages, au même instant,* parlent avec celui-ci, regardent celui-là, —et pensent dans le cœur à un autre : qui peut donc être l'ami des femmes ? 81.

Le miel est répandu sur la bouche des femmes; —mais, dans le cœur, elles n'ont que du poison : —de-là vient que la lèvre boit *la douceur,* il est vrai, —tandis que le cœur est battu *comme* à coups de poing. 82.

Ami, va-t-en loin du feu de ces flèches *envoyées* par les regards obliques — du reptile, qui porte un badinage coquet pour capuchon ; serpent, que la nature a fait si dangereux *et que l'on appelle* une femme. — Il est possible de guérir au moyen des remèdes ceux que l'autre cou-

(1) *Festinantes.*

leuvre encapuchonnée a mordus; — mais, pour l'homme, que dévore ce rusé boa (1) de jolie femme, les charmeurs *sont tous forcés* d'en abandonner la cure. 83.

Celui qui met un poisson sur l'enseigne de ses demeures — jette dans l'océan du monde un hameçon, qui est nommé la femme : — ces goulus poissons, que l'on appelle les hommes, viennent pour sucer le miel à ses lèvres ; lui soudain les retire accrochés à sa ligne, et s'en va cuire sa pêche dans le feu de l'amour.* 84.

Dans la forêt du corps de la femme galante, dans les routes périlleuses des montagnes de sa gorge, — ne vas point t'égarer, âme voyageuse; *car* là est embusqué le brigand, *qui s'appelle* Amour ! 85.

Malheur à moi, sur qui cet œil si grand, mobile, radieux, plein de volupté, qui brille avec tout l'éclat du lotus bleu et serpente dans le visage avec toute la puissance du basilic, devait un jour fixer un de ses regards!* — Dans tous les

(1) Sans doute, BOA vient du mot sanscrit BOGA, un serpent. A ce point de vue, nous aurions moins traduit, que transposé du sanscrit le mot dans le français.

pays, on trouve communément des médecins, qui demandent à pratiquer la science de guérir le mauvais œil : — *mais,* hélas ! pour moi, que ces yeux épris d'amour ont regardé un instant, il n'existe pas de médecin, ni même un seul remède ! 86.

Ici, est un chant mélodieux ; là, *soit une* danse *charmante, soit* une agréable saveur ; — de ce côté, s'exhale un suave parfum ; de cet autre, un sein potelé enivre le toucher : — c'est ainsi que roulé çà et là par tes sens, destructeurs des idées supérieures — et tous cinq artisans ingénieux d'œuvres inutiles, tu vis sans cesse abusé. 87.

L'amour, *ce* riant péché, ne peut s'en aller, ni par l'effet des mantras (1), ni par la vertu des remèdes ; cent divers calmants ne sauraient le conduire au point où il décline *et finit ;* il rend les yeux égarés, trouble la vue, et donne au corps sous l'empire de ses illusions une sorte de teinte livide, comme la couleur des abeilles. 88.

Quel amant pourrait s'attacher à ces femmes, qui, *allôchées* par l'espérance d'un minime salaire, abandonnent la beauté ravissante de leur

(1) Formules magiques.

joli corps, — soit à l'aveugle-né, soit à l'homme d'une repoussante laideur, soit au vieillard, de qui l'âge a brisé tous les membres, — soit au paysan grossier, soit à l'être ignoble par sa naissance, soit à l'infirme envahi d'une lèpre stillante ; — quel *amant, dis-je,* pourrait s'attacher à ces courtisanes, lames de couteaux pour *couper* la sagesse, dont les racines sont comme celles de l'arbre Kalpa, implantées dans le paradis même ! 89.

Là où des libertins consument leurs jeunesses et leurs biens comme des victimes, — assiste la courtisane, cette flamme de l'amour, que fait croître la beauté, *ce bois du sacrifice.* 90.

Quelque charmante que soit la bouche d'une courtisane, l'homme de naissance ne donne pas un baiser à la fleur de ses lèvres ; — *car* elle n'est pour tous, espion, soldat, voleur, esclave, histrion *et* sauteur, qu'un vase où l'on crache. 91. ↓

Heureux ces hommes, de qui l'âme demeure toujours la même, après qu'ils ont vu la beauté des femmes aux grands yeux mobiles, — aux seins potelés, arrondis, pleins de jeunesse, — au ventre mince, où se joue la *ravissante* liane du triball (1). 92.

Ma belle enfant, pourquoi *nous* jeter en coquetant l'œillade mi-close, qui tombe de ces yeux charmants? Cesse! cesse! *car* c'est ici te fatiguer en vain!* — Nous sommes aujourd'hui un autre homme; notre jeunesse a pris fin; la société pour nous est maintenant au fond d'un bois: — la folie est morte *dans nos cœurs, et ce* monde, qui enflamme *tous les désirs,* n'est à nos yeux qu'une poignée d'herbes. 93.

Cette jeune enfant jette continuellement sur moi des yeux, qui ont dérobé sa splendeur au pétale du lotus bleu: quel est ce but, où elle vise?* — Pour nous, la folie s'en est allée: Amour, le sauvage chasseur, a fait reposer les flèches, qui allument une fièvre malheureuse; et cette *fille* impure ne cesse pas encore!* 94.

Une maison blanchie, de folâtres jeunes filles, une blanche ombrelle, une splendide — fortune: voilà ce dont jouit l'homme, en récompense d'une œuvre pure, enflée *comme d'un souffle* constant; — *mais,* si la *bulle* éclate, tout s'échappe rapi-

(1) Un synonyme du mot *djaghana.*

dement : telles, dans les jeux d'une lutte amoureuse, quand un fil du collier se brise, les perles
s'en vont dans toute l'étendue visible de
l'espace. 95.

L'amour, *qui embrasse individuellement toutes
les créatures*, sans cesser d'être indivisible, reluit
continuellement sur l'ascète victorieux, à l'âme
duquel tous les maux sont asservis par la *sainte
pratique de l'yauga.*—Que lui serviraient donc,
et les entretiens avec des femmes chéries, *et* le
miel des lèvres sur la *charmante* lune des visages,
—*et* l'odeur embaumée des soupirs, *et* le baiser
voluptueux sur la coupe des seins? 96.

Pourquoi donc, Amour, fatiguer ta main? A
quoi bon ici ton arc et tes flèches ennemies (1) !
—Silence, kokila! silence! pourquoi gazouilles-tu
en vain avec tes plus mélodieux accents? — Loin
de moi, jeune folle, ces œillades obliques, agaçantes, douces, amoureuses, étudiées, suaves! —
Ma pensée *n'a plus* de baisers *que* pour le Dieu,
qui porte la lune sur sa tête : elle ne sait plus

---

(1) Nous adoptons pour ce quatrain le texte corrigé
par Schiefner d'après le Çârngadhara.

savourer (1) que l'ambroisie de la méditation sur les pieds de Çiva ! 97.

Au temps que siégeait en moi l'ignorance, née de l'amour dans les œuvres de ténèbres ; — alors tout cet univers me semblait entièrement fait *avec le corps* d'une femme : — maintenant que ma vision est devenue plus clairvoyante, grâce au collyre de la distinction, — mes yeux plus justes reconnaissent que les trois mondes, c'est Brahma lui-même. 98.

L'un marche dans le renoncement absolu, un autre suit la route des obligations morales, — celui-là se plaît aux choses de l'amour : c'est ainsi que, dans ce monde, les êtres se distinguent les uns des autres par les différences. 99.

Si le troisième ne possède point dans l'amour (2) ce qui est le beau *par essence* (3) , c'est vers le

(1) Littéralement : *elle reste dans....*

(2) Littéralement : *là.*

(3) Il semb'e que ce distique a dû faire dans l'origine un seul et même quatrain avec le distique précédent, et qu'ensuite on a coupé ce quatrain en deux, afin de compléter le nombre exigé par ce mot posé en titre de chaque division principale : ÇATAKAN, *la centaine.*

Le sens donné par Boh'en est vague et même à peu près

beau même, que tendent les souhaits du second ; — *il est vrai que* l'âme du premier n'est pas encore dans l'astre aimable aux rayons sans tache ; *mais du moins* ses désirs sont-ils en possession des lotus. 100.

vide, tandis qu'à notre point de vue la pensée de l'auteur est vaste, profonde, religieuse même, en ce qu'elle fixe le caractère spécial des trois sections établies dans son petit livre, et qu'elle arrête l'attention du lecteur sur le mot, qui en est le but ou la récompense, c'est-à-dire, l'amour, le paradis et l'union intime avec Dieu.

———

Ici , est terminée
LA CENTURIE SUR L'AMOUR,
Œuvre de Bhartribari.

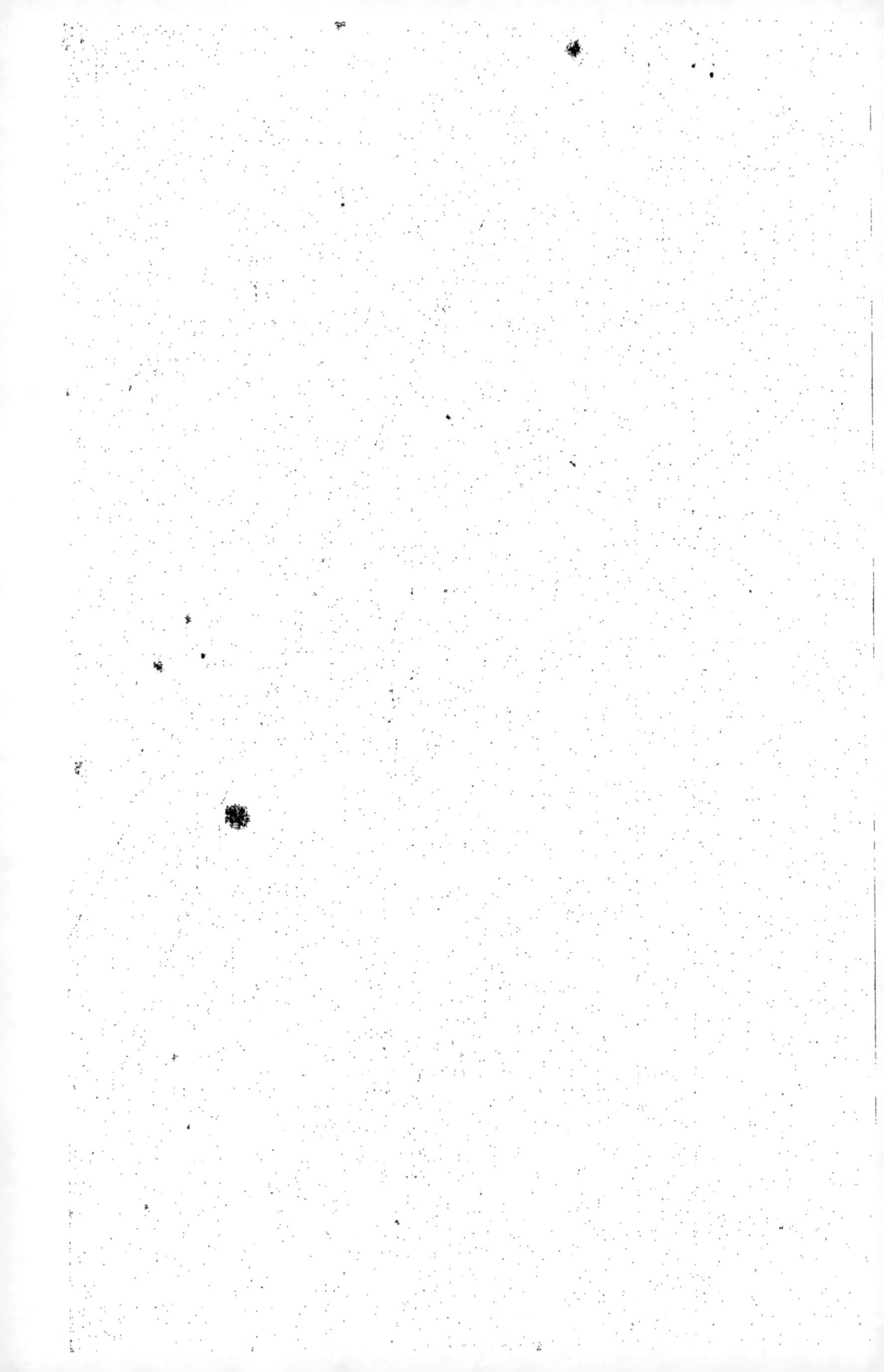

ADORATION AU DIVIN GANÉÇA !

ENSUITE ,

LA CENTURIE DE LA NITI.

Adoration à la splendeur *assise* dans l'*immuable* repos, de qui l'essence est une dans ses diverses manifestations, — et qui, indivisible au temps, comme à l'espace, n'a des formes infinies que dans l'imagination seulement ! 1.

I.

Celle à qui je pense continuellement détourne son visage de moi, — et c'est un autre amant qu'elle désire : celui-ci porte ailleurs son inclination, — et la femme qu'il aime (1) n'imagine de plaisir qu'avec moi : — fi donc, et de celle-ci, et de lui, et de l'amour, et de celle-là, et de moi ! 2.

L'homme qui ne sait rien se laissera conduire facilement ; plus facilement encore se laisse conduire l'homme versé dans la science de la sagesse (2) : — mais Brahma lui-même n'est point capable de gouverner l'individu mal teint d'une science légère. 3.

Qu'un homme puisse arracher de force un joyau d'entre les dents implantées (3) dans la gueule d'une baleine, — ou traverser *à la nage* toute la mer, quand sa guirlande de flots agités

(1) Le texte dit : *une certaine autre ;* mais notre sens est logiquement dans la pensée de l'auteur.

(2) Littéralement *distinction.*

(3) C'est un faible équivalent pour l'image DASSTAN KOTRA, *dentium germes.*

est bouleversée par la tempête,—ou même porter
sur la tête, comme une couronne de fleurs, un
serpent gonflé de colère : — *je le crois; mais
non* qu'il puisse diriger l'esprit de l'insensé, incapable d'attention. 4.

Que, pressurant les sables de toute sa force,
il en exprime de l'huile ; — que, tourmenté par
la soif, il boive l'eau du mirage; *jeu d'optique*,
où s'abusent les gazelles altérées ; — que même,
errant *à la chasse* de tous les côtés, il rencontre
quelque jour le lièvre uni-corne (1) : — *je le
veux bien;* mais qu'il ne *songe pas* à diriger
l'esprit de l'insensé, incapable d'attention. 5.

Il s'efforce d'arrêter un serpent *boa* en des
liens faits avec les filaments du lotus ; — il arme
sa main pour couper un diamant avec la tranche
d'un *pétale ravi à la* fleur de çirisha (2) ; — il
tente d'infuser la douceur avec une seule goutte
de miel dans l'océan des eaux amères, — celui

(1) Bohlen, après qu'il a traduit ainsi le passage d'une
manière assez obscure : « *leporis cornu accedat* , » dit en
note : « Cela semble une locution proverbiale; » ajoutons :
« qui signifie *trouver ou réaliser le fabuleux, le fantastique, l'impossible.*

(2) Acacia sirisa.

qui veut, avec ces choses bien dites et *comme stillantes de soudha*, conduire les méchants par le chemin des bons. 6.

Le créateur a disposé en faveur de l'ignorance un voile excellent et qu'elle a tout-à-fait sous la main :*—c'est le silence, qui dans la société des savants est principalement la parure des ignorants.* 7.

Quand je savais peu de chose, j'étais, comme l'éléphant, tout aveuglé par l'ivresse *de la vanité,* — et mon âme superbe disait alors : « Je sais tout ! » — *Mais*, depuis que peu à peu je suis devenu plus instruit dans la fréquentation des hommes savants,—mon enivrement s'est dissipé, comme la fièvre, et je me dis : « Tu es (1) un ignorant ! » 8.

Quand il verrait debout à ses côtés le roi même des Dieux, la crainte *ne ferait pas cesser* un chien,—qui mange avec joie un os humain, sans chair, ni suc, ni forme, — abject, empesté, souillé de bave, et sur lequel fourmille tout un peuple de vers : — *ainsi*, l'homme avare *compte*

(1) Le texte met la première personne.

son or, *et* n'a souci que sa famille manque de
la sève *des vertus*. 9.

La sainte (1) Ganga, s'écoulant de bas en bas,
dans une région inférieure, — tombe d'abord sur
la tête de Çiva ; de cette *divine* tête dans le ciel
d'Indra, *et* de-là sur le Mérou ; — de la haute
montagne, elle descend vers la terre, et de la
terre dans le vaste réceptacle des eaux : — *ainsi*,
le fleuve (2) des hommes tombés de la sagesse se
perd *dans l'océan du vice* par cent bouches. 10.

Mieux vaut, dans les solitudes impraticables
des montagnes, une vie errante avec les animaux
des forêts, — que la compagnie des sots dans les
palais mêmes du monarque des Dieux ! 11.

II.

Les hommes éloquents, dont les belles paroles
sont ornées d'une mélodie puisée dans *nos* livres
saints, les disciples couronnés du prix, qu'on
reçoit à la fin des études, — *et* les poëtes en renommée habitent sans fortune dans la terre de

---

(1) Iyam, *illa*, est ici emphatique.
(2) Littéralement : *la chûte*.

tous les rois : — c'est une honte pour un souverain ; en effet, les sages, quoiqu'ils n'aient
aucune richesse, *n'en* sont *pas moins* les *vrais*
monarques. — Blâme soit *donc* à ces méchants
connaisseurs, qui jettent sous leurs pieds des
joyaux d'une valeur inestimable! 12.

La richesse intime, qu'on appelle science, ne
sombre pas dans la mort à la fin même des
kalpas ; — elle augmente sans cesse en quelque
chose ; et même, partagée avec les ignorants,
elle acquiert toujours un accroissement supérieur.
—Rois, cédez l'honneur à ceux qui possèdent la
science ! Quel homme peut lutter avec eux ? 13.

Ne méprise pas les sages, qui ont amassé les
plus nobles des biens ; — Lakshmî, *c'est-à-dire,*
la déesse même de la beauté, n'est pas seulement pour eux un obstacle égal au léger brin
d'herbe : — quand la sueur de rut jaunit de ses
lignes toutes récentes la surface de leurs joues,
— une fibre de lotus n'est pas *un lien*, qui
puisse arrêter les éléphants ! 14.

Quand il est irrité *contre* un cygne, Brahma (1)

(1) Le mot synonyme, employé dans l'original, est
Vidhâtâ, c'est-à-dire, l'ordonnateur du monde.

peut toujours détruire son habitation même, cette forêt de lotus, où il est heureux de se jouer ; — mais il n'a *jamais* la puissance de lui ôter ce don glorieux, parfait, que le destin imprima dans sa nature comme avec le feu, *cette faculté* de séparer, *quand il boit*, le lait et l'eau, *mêlés dans un même breuvage.* 15.

Ce qui pare un homme, ce ne sont pas les bracelets, ni les colliers, qui resplendissent comme la lune, — ni les bains, ni les onctions, ni les fleurs, ou les cheveux arrangés avec art : — la parole, qui sort toute ornée *de la bouche*, est le seul ornement de l'homme (1) : toutes les les parures se détruisent ; *mais* l'ornement de la parole est une parure éternelle. 16.

En vérité, la science est pour l'homme une beauté supérieure ; elle est une richesse conservée dans un coffre-fort ; — la science produit la *plus noble* jouissance ; elle donne le plaisir de la gloire : — la science est le précepteur des précepteurs ; la science est un compagnon dans les voyages en différentes contrées ; la science est

(1) D'après le manuscrit B de Weber ; ou, si l'on veut suivre le texte de Bohlen : « La parole.... est le seul ornement de l'homme dans la vie active. »

la divinité suprême ;—la science, *et non*, certes!
la richesse, est honorée au milieu des rois:
l'*homme*, dépourvu *de science*, n'est qu'un
bétail ! 17.

Si vous avez la patience, que vous servirait une
cuirasse ? Quel besoin d'ennemis pour les
hommes, s'ils ont *le défaut de* la colère? —
Que trouverait à consumer l'incendie, si vous
avez un parent ? A quoi bon l'art céleste des
médicaments, quand on possède un ami? —
Quel besoin de serpents là, où sont des hommes
méchants? Si vous avez une science distinguée,
qu'avez-vous besoin de richesses? — Si vous
avez la pudeur, que vous servirait la parure?
Quand on a le don aimable de la poésie, qu'a-t-on
besoin d'un royaume? 18.

Douceur à l'égard de sa famille, indulgence
envers ses domestiques, sévérité continuelle vis-
à-vis des méchants, affection pour les gens de
bien, soumission au prince, zèle pour acquérir
dans la compagnie des savants, courage en face
de l'ennemi, patience avec les vieillards, habileté
à déjouer la coquetterie (1) des femmes : ce sont
là des vertus, qui, pour les gens heureux de les

(1) Mot à mot : *rusé avec les femmes.*

posséder, rendent le monde constant même dans ces âges *où il décline.* 19.

Dis ! quel *bien* ne produit pas une société vertueuse avec les hommes ? elle ôte à l'âme sa froideur, elle verse la vérité dans la parole, elle montre aux yeux l'élévation de l'honneur, elle détruit le péché, elle rend l'esprit bienveillant, elle étend la gloire dans *tous* les points de l'espace. 20.

Ils triomphent, ces poëtes (1), qui, doués d'un goût exquis, écrivent de bons ouvrages : — ils n'éprouvent jamais, pour le corps de leur gloire, la crainte, qui naît de la vieillesse et de la mort. 21.

(1) C'est le sens, où Bohlen s'arrête; mais il me semble qu'on pourrait y voir un sens plus étendu et plus beau, en considérant *karisvards rasiddhâs* comme une sorte d'apposition, jointe à *soukritinau*, qui alors n'est plus attributif, mais joue le rôle d'un nom substantif.

Ainsi, par exemple :

« Ces hommes, qui font le bien, triomphent *du temps, comme ces* princes des poëtes, qui, doués d'un goût excellent, n'éprouvent jamais, pour le corps de leur gloire, la crainte, qui naît de la vieillesse et de la mort. »

III.

Quoique mourant de faim, quoique exténué de vieillesse, quoique *tristement* délaissé par l'abondance, qui s'est enfuie; quoique tombé dans un âge plein d'infirmités, avec des yeux éteints, et n'ayant plus qu'un souffle mourant;* —est-ce que l'on voit manger l'herbe des champs au lion, qui marche au sommet des grands honneurs?—*Non* ! il n'a qu'un désir : c'est de tuer pour dévorer à pleine bouchée les deux bosses, qu'il veut briser au front du roi furieux des éléphants. 22.

Quand il a trouvé un os très-petit, sans chair et fangeux, mais où tient un reste de moëlle et quelque peu de nerf, le chien entre *vite* dans la joie, et *cependant* sa faim n'en sera point calmée;*—le lion *au contraire* dédaigne un chacal, arrivé même sous sa griffe (1), et *s'en va* tuer *plus loin* un éléphant:—*ainsi*, atteint par la misère, tout homme n'en recherche pas moins un bien conforme à sa nature. 23.

Quel mortel n'est pas né sur la terre, qui

(1) *Ankam*, littéralement, *près de lui.*

roule *autour du ciel*, et néanmoins celui-là *seul peut vraiment dire qu'*—il est né, dont la famille progresse *et tend à chaque pas vers son* élévation. 24.

Un grand cœur (1) a, comme le bouquet de fleurs, une double condition : — il faut qu'elles se fanent sur la tête du monde entier, ou *solitaires* au fond d'un bois. 25.

Remuant la queue, déposant une patte *dans votre main* (2), — se couchant par terre *sur le dos*, afin de montrer son mufle et son ventre : — voilà ce que fait un chien pour gagner le morceau, que lui donne son maître ; un fier (3) éléphant au contraire — fixe sur lui un regard ferme, et ne mange point, si on ne lui a pas fait cent caresses. 26.

Quoiqu'il y ait cinq autres *planètes* en grand

(1) Mahâtmanas, *magnanimus*, du manuscrit B de Weber.

(2) Littéralement : « *il jette en bas sa patte*. » L'auteur a-t-il voulu dire ce que nous avons dit ? ou peut-être ne serait-ce pas : « *il trépigne de joie*? »

(3) Mot à mot : *le taureau des éléphants*, c'est-à-dire, *le prince*.

honneur, Vrihaspati (1) et les quatre suivantes,
— le formidable Rahou, plus éclatant par son
courage que tous les Danavas, n'exerce aucune
inimitié contre elles : — ce maître des mauvais
génies ne *songe qu'à* dévorer les deux rois de la
lumière, quand il voit le dominateur du jour et
l'astre qui préside aux souffles de la nuit aborder
les nœuds *de l'écliptique*, autour desquels circule *infatigable* sa tête séparée du corps.* 27.

Le serpent Çésha porte l'assemblage du monde
assis sur la coiffe de sa tête, comme sur un
bouclier ; — ensuite, la reine des tortues ne cesse
jamais de soutenir ce *roi des Nâgas* au milieu
de son dos ; — la mer à son tour se fait un jeu
de prêter son *vaste* sein à *l'amphibie*, sa *pesante*
sujette (2) : — oh ! combien l'éminence des
grands est infinie dans ses œuvres ! 28.

Tandis que *le mont neigeux*, son père, était
dans la détresse et sous la crainte de la mort,' il
eût mieux valu pour le fils de l'Himalaya avoir
les ailes coupées de la foudre, lancée par le do-

(1) C'est Jupiter : les noms des autres sont Çoukra
(Vénus), Angâraka (Mars), Boudha (Mercure), Çani
(Saturne).

(2) Bohlen, abusé par le scholiaste, voit dans le composé

minateur courroucé des nuages, ' — aux coups
de laquelle se mêlaient en profonds vomissements
les vastes éruptions du feu, — que do réjouir le
maître *du ciel* par la honte de sa chûte dans
l'eau des eaux (1) ! 29.

Une lentille de cristal, quoiqu'elle ne soit pas
un animal sensible, commence à s'échauffer dès
qu'elle est touchée par les rayons du soleil : —
comment donc l'homme, auquel une âme fut
donnée, *peut*-il supporter l'offense, que lui jette
son ennemi ? 30.

Le lion, encore tout enfant, s'élance contre les
éléphants, au temps même que les parois de
leurs joues sont tachées par la sueur de rut : —
ainsi, chez les magnanimes, c'est la nature, et
non pas l'âge, qui est la cause du courage ! 31.

IV.

Que la noblesse d'origine s'en aille dans les

krantâdhinan ces deux mots : KRANTA, *aper*; ADHINA, *ex
alicujus arbitrio pendens*. Nous voyons dans la première
des parties composantes le féminin *kranta*, CARNIUM : c'est
là, sans aucun doute, le véritable sens et l'idée même de
l'auteur.

(1) C'est-à-dire, *dans l'océan*.

enfers; que la foule des bonnes qualités croule
en bas;—que la vertu soit précipitée du sommet
des montagnes; que le feu consume la maison
natale;—que la foudre tombe rapidement sur
l'âme héroïque! *elle nous est* odieuse: car la
richesse est tout pour nous; — sans elle seule,
tous ces biens valent à peine (1) un brin
d'herbe! 32.

L'homme, à qui la richesse appartient, est
toujours d'une naissance distinguée: — celui-là
est un savant, celui-là possède la science par
excellence et connaît les qualités des choses, —
celui-là est doué même d'éloquence, celui-là est
d'une beauté à contempler: —*enfin*, c'est dans
l'or, que résident toutes les qualités. 33.

Un roi est perdu *communément* par un mauvais conseiller; l'yati (2), par la compagnie; un
jeune homme (3), par la volupté; — un brahme,
en ne lisant point les Védas; une famille, par un
fils indigne; un bon naturel, quand on est au
service des méchants; — la pudeur elle-même,

(1) Littéralement : *sont pareils, semblables.*
(2) Ascète, qui a dompté ses sens et qui tient en bride
tous ses organes.
(3) Littéralement : *un fils.*

par les boissons enivrantes ; la culture, faute de
surveillance ; l'amour, par un voyage en pays
étranger ;—l'amitié, si elle ne trouve pas un cœur
qui réponde au sien ; les richesses, par le vice et
les profusions ; l'argent, par la négligence. 34.

Donner, jouir, perdre, sont les trois chemins,
par où s'en va la richesse :—le troisième chemin
est *donc* celui de l'homme, qui ne donne et ne
jouit pas. 35.

Une pierrerie usée *en roulant avec les eaux*
du Çauna (1) ; un héros, qu'une flèche a percé
dans la guerre au milieu de sa victoire ; un
éléphant, mis sur les dents par son ivresse amoureuse ; les fleuves, coupés en automne par des
îles verdoyantes ; la lune, mutilée dans un de ses
quartiers ; une belle jeune fille, harassée de volupté, et l'homme, qui a consumé tout son bien
à nourrir les indigents, *n'en* brillent *pas moins
d'un éclat individuel*, que chacun tire de son
affaiblissement *ou de ses pertes mêmes*. 36.

Un homme assiégé de besoins envie *dans un
monceau* d'orge ce qu'il en faut seulement pour

(1) Un des affluents du Gange, qui le reçoit dans son
lit au-dessus de Patna.

emplir une paume de ses mains; —ensuite, une fois rassasié, il ne compte plus la terre que pour une poignée d'herbe : — il en est ainsi, en particulier, quant aux fortunes des riches, les mêmes biens pèsent dans la balance d'un poids lourd ou léger; — car c'est la disposition, où l'âme est placée, qui tantôt exalte les richesses et tantôt les rabaisse. 37.

O roi, si tu veux traire cette vache, *qui est nommée* la terre, — nourris dès à présent ton peuple, comme s'il était son veau ; — toujours, quand celui-ci est nourri à satiété, — la terre fructifie, telle que l'arbre Kalpa, dans la variété infinie de tous les fruits. 38.

Sincères et menteurs, tenant un langage, tantôt rude et tantôt aimable, —cruels et miséricordieux, avares et généreux, — toujours distribuant leurs richesses d'une main prodigue et toujours les faisant revenir à soi par mille chemins :—*ainsi*, les rois sont comme les courtisanes ; dans leur conduite, *ils savent, comme elles*, revêtir plus d'une forme. 39.

Tenir d'une main ferme le commandement, *aimer* la gloire, protéger les brahmes, —donner à ceux qui n'ont pas, assurer la possession, défendre ses amis;* — quel bien espérer sous l'abri de ces rois, — en qui ne résident pas ces six qualités? 40.

Petite ou grande, la richesse, que Dieu, *à la naissance de tel ou tel individu*, consigna pour lui sur le tissu de soie, où il écrit le destin, — l'homme ne manque jamais de l'obtenir, qu'il soit dans une terre indigente (1), ou sur le Mérou *d'or*, mais rien de plus. — Sois donc ferme au milieu des riches, et ne te fais pas sans raison un genre de vie misérable. — Vois! dans un puits ou dans l'océan, une cruche *n'y prend jamais qu'*une égale quantité d'eau. 41.

V.

L'inhumanité, des hostilités sans motif, — un désir enclin vers les richesses d'autrui et l'épouse de son prochain, — l'impatience avec ses domestiques (2) et même avec ses parents : — c'est le caractère, que la nature fit aux esprits méchants. 42.

(1) Littéralement, *sans eau, aride.*
(2) Nous adoptons le texte du manuscrit B, *sradjana*, au lieu de *sudjana.*

On doit fuir le méchant, fût-il orné même de la science : — le serpent, *que la nature a paré* d'un rubis, en est-il moins à redouter ? 43.

La pudeur est taxée de froideur ; on voit de l'hypocrisie dans une éclatante piété et de la duplicité dans la candeur ; — l'héroïsme vient d'un cœur sans pitié ; le silence est appelé bêtise, et l'attention à ne dire que des choses flatteuses une bassesse d'esprit ; — l'homme, qui brille à cause de sa force, semble un orgueilleux ; le bien-dire n'est que du bavardage ; la constance est de l'entêtement : — quel sera donc la vertu des bons, qui n'aura pas été *mal* notée par les méchants ? 44.

Que sert la vertu où gîte la cupidité ? Si vous avez *près de vous* la calomnie, que feraient de plus les péchés ? — A quoi bon mortifier sa chair, si l'on possède la vérité ? Si vous avez une âme pure, qu'avez-vous besoin du tîrtha (1) ? — A quoi bon les domestiques, si l'on vit au milieu d'une excellente parenté ? Si vous avez un esprit élevé, que vous serviraient les parures ? — Si vous avez la science du bien, que vous importent les

(1) Voyez la note 2 de la page 34.

richesses ? Où la gloire n'est pas, que reste-t-il
à faire aux *ciseaux de* la mort ? 45.

La lune obscurcie dans le jour ; une amante,
dont la jeunesse est écoulée ; — un lac, qui n'a
plus *son tapis* de nymphéas *fleuris* ; un charmant
visage, d'où la beauté s'efface ; — un seigneur,
adonné tout entier à l'amour des richesses ; un
homme de bien toujours d'un abord difficile ; —
un méchant admis dans la cour d'un roi : voilà
sept choses, dont la vue fait sur mon âme l'effet
de sept dards *aigus*. 46.

Certes ! les rois, sujets à de bouillantes colères,
ne sont les amis d'aucun homme : — ils ressemblent au feu, qui, touché, brûle même le
prêtre dans l'instant qu'il répand sur lui une
libation de beurre clarifié. 47.

Un serviteur est-il silencieux, on dit qu'il est
muet : habile à manier la parole, c'est un homme
plein de vent et un bavard : — constamment à
vos côtés, il vous semble effronté ; s'il reste à
l'écart, c'est, *dites-vous*, un paresseux : — en-
dure-t-il avec patience *vos fâcheuses paroles*,
c'est un lâche ; s'il ne les souffre pas, c'est un
insolent : — ainsi le métier du courtisan est un

9

fourré impénétrable, où ne marcheraient pas des yaugis (1) mêmes. 48.

L'homme enchaîné dans la condition, qu'il s'est faite par les œuvres abjectes, dont il a jonché sa vie antérieure (2), — qui a mis en lumière toute sa méchanceté et qui tient ses richesses de la *seule* fortune *aveugle*; cet homme vil, dissolu, ennemi de la vertu, à quelles âmes égarées dans la matière peut-il donner un plaisir *continu?* 49.

Considérable au commencement et peu à peu s'évanouissant; — légère avant, mais acquérant après de l'accroissement: — *ainsi*, l'amitié des bons ou des méchants est comme l'ombre, qui

(1) Prononcez la dernière syllabe d'*yaugi* comme la première dans *Guillot*: c'est l'ascète mystique, absorbé dans la contemplation intime, qu'on appelle *yauga*.

(2) Ce vers n'a pas été rendu par le traducteur latin. Nous lisons *vrittés*, comme le scholiaste, et non *tchittés*, ainsi qu'il est écrit dans l'édition de Bohlen, qui traduit ce mot par *mens*. Le substantif neutre *tchitta* a bien cette signification; mais il ne peut faire au génitif *tchittés*, qui appartiendrait à la forme non déclinée *tchitti*, inconnue au Lexique de Bopp, à l'Amara-kosha et même au Dictionnaire de Wilson. *Il est parfaitement sanscrit, v. le Dict. de St Pétersbourg.*

diffère, suivant qu'elle est taillée par la première moitié ou par la seconde partie du jour. 50.

Les chasseurs, les pêcheurs et les calomniateurs sont, dans ce monde, les ennemis des gazelles, des poissons et des hommes de bien ; *toutefois, ce n'est* pas avec raison : car ceux-ci *ne vivent pas dans la même condition que ceux-là ; mais* dans les herbes, les eaux et la paix du cœur.* 51.

VI.

Désirer la société des hommes vertueux, éprouver du plaisir à voir les bonnes qualités d'autrui, vénérer son précepteur,—apporter dans la science un esprit attentif, ne goûter la volupté qu'avec son épouse, redouter le blâme du monde, —adorer Çiva *d'un culte particulier*, mettre en soi-même l'énergie qu'il faut pour dompter son âme, s'affranchir des mauvaises compagnies :—ce sont là des qualités sans tache : honneur soit *donc* à ces hommes, dans le cœur de qui elles ont fixé leur habitation ! 52.

La fermeté dans le malheur et la modération dans la bonne fortune,—la dextérité à manier la parole dans la société, le courage dans les combats, — l'amabilité dans une haute renommée, l'attention pour étudier les Védas : — voilà sans aucun doute les vertus, que la nature fait servir à composer les grandes âmes. 53.

Faire l'aumône en secret, accueillir un hôte avec des manières empressées, — ne jamais parler *à tel qui l'a reçu* du bien qu'on *lui* a fait, ne rien dire même en société d'un service rendu, — éviter l'arrogance au sein de la prospérité, causer avec les autres, sans affecter une supériorité, qui les écrase : — c'est là ce plan de vie, qu'ont adopté les gens de bien, *chemin rude et comme pavé* avec des tranchants d'épées, *où ils sont venus d'eux-mêmes*, sans être enseignés de personne ! 54.

Dans sa main, une libéralité glorieuse ; dans sa tête, la facilité pour s'incliner vers les pieds de son précepteur ; — dans sa bouche, un langage sincère ; dans ses bras victorieux, une vigueur incomparable ; — dans son cœur, une morale saine ; — dans ses oreilles, un chemin ouvert à la science : — c'est l'ornement *royal*, dont se couronnent, alors même qu'ils n'ont aucune puissance, les hommes, que la nature a fait grands. 55.

Dans les temps prospères, l'âme des magnanimes est tendre comme les *pétales du* lotus ; — mais, dans les adversités, elle est dure comme les rocs entassés des hautes montagnes. 56.

Si une *goutte* d'eau est mise en contact avec une *barre de fer* chaud , elle disparaît toute entière et son nom même *avec elle;*—si elle est posée dans un lotus au bord d'une feuille , elle y brille sous les apparences d'un *vrai* diamant ; — quand son heureuse étoile a fait tomber cette goutte dans une huitre de la mer , elle y devient une perle : — *ainsi*, presque toujours, les qualités basses, moyennes ou supérieures naissent de la fréquentation. 57. +

Celui-là est *réellement* un fils , de qui les bonnes œuvres font la joie de son père ;—elle est épouse, celle de qui le seul désir est la félicité de son époux ;—c'est *vraiment* un ami l'homme, qui marche avec nous dans la mauvaise comme dans la bonne fortune : — triade, *essentielle au bonheur et* dont toujours l'homme juste obtient *du ciel* ici-bas l'*immanquable* possession. 58.

Ces hommes, qui s'élèvent par leur humilité, qui mettent les propres vertus d'eux-mêmes en évidence par le *plaisir, qu'ils goûtent* à raconter les vertus des autres ; — *ces hommes*, qui augmentent leurs biens par cela même qu'ils s'inclinent de toute leur puissance à rendre plus vaste la fortune commencée d'autrui ; — *ces hommes*, de qui la seule patience fait l'opprobre des calomniateurs, dont la bouche distille sans cesse la méchanceté et le mépris ; — ces hommes bons, d'une conduite admirable, en grande estime, de qui ne sont-ils pas recherchés dans le monde ? 59.

S'abstenir de tuer les êtres animés, dompter l'envie de porter la main sur le bien d'autrui, tenir un langage sincère, — donner suivant ses facultés dans les occasions, rester muet où l'on entend parler sur les jeunes femmes des autres, — opposer une digue au fleuve de ses désirs, montrer devant les personnes vénérables une *bienséante* modestie, comprendre toutes les créatures dans son amour : — c'est la règle universelle, *dont l'effet salutaire* n'est pas atteint par celui même des Çàstras *lus* entièrement ; et *c'est* la route même, *où l'on voit marcher* les plus sages des hommes. 60.

Ne faites jamais la cour aux méchants ; quelque soit un ami, ne lui demandez rien, s'il n'a qu'une

mince fortune ; — aimez une vie décente ; ne
commettez pas facilement le péché dans une
condition malheureuse ; — tenez-vous droits sous
l'infortune, et suivez la trace des cœurs magnanimes : — c'est là ce plan de vie (1), qu'ont
adopté les gens de bien, chemin rude et comme
pavé avec des tranchants d'épées, où ils sont
venus d'eux-mêmes, sans être enseignés de
personne ! 61.

Les arbres penchent *vers nous leurs branches*
pleines de fruits mûrs ; — les nuages ralentissent
d'eux-mêmes leur vol afin de verser à la terre
le *trésor des* pluies nouvelles ; — et les richesses
ne rendent pas égoïstes (2) les hommes de bien :
— tel est aussi le naturel des personnes, qui
aiment à secourir le (3) prochain. 62.

Ce n'est pas un riche pendant, qui fait briller
l'oreille, c'est la faculté d'ouïr ; — ce n'est
pas un bracelet, mais l'aumône, qui est l'ornement de la main : — ce qui donne au corps son

---

(1) Ce vers est le même, que nous avons déjà vu ter-
miner la stance 34.

(2) Littéralement, *hautains, orgueilleux, superbes.*

(3) Le texte dit simplement : PARA, *alius.*

lustre, ce n'est pas le santal, mais la charité (1) des hommes compâtissants.* 63.

Il écarte *de vous* les méchants, il attelle *ses soins*, *pour ainsi dire*, au *char de* vos intérêts; — il cache ce qui doit être caché, il met en évidence les vertus; — il ne *vous* abandonne pas, tombé dans l'infortune; il *vous* donne *sa bourse* dans la circonstance : — voilà, disent les sages, à quels signes on reconnaît un bon ami. 64.

L'astre, cause du jour, aide *spontanément* à s'épanouir la *brillante* mine des nélumbiums; — la lune fait *gratuitement* éclore le *beau* ciel (2) des ménianthis; — le nuage donne également son eau, sans être sollicité : — c'est ainsi que les bons saisissent leurs armes d'eux-mêmes pour défendre les intérêts d'autrui. 65.

Abandonner son intérêt personnel et se vouer à l'intérêt des autres, c'est d'un homme vertueux; — être du vulgaire, c'est porter seulement le *poids du* travail pour l'utilité des autres, quand son utilité propre n'y contredit pas : — l'homme, qui sacrifie le bien d'autrui à son bien particulier est

(1) *Auxilium erga alios.*
(2) Littéralement, *horizon.*

un rakchasa (1); — mais quels *êtres odieux* ne reconnaîtrons-nous pas dans ceux qui égorgent l'intérêt des autres sans motif? 66.

L'eau, versée dans un vase de lait, avec lequel sa nature le porte à s'unir, en reçoit d'abord toutes les qualités : a-t-on mis sur le réchaud ces deux substances mêlées ; si l'eau s'aperçoit que la chaleur commence à tourmenter le lait, elle s'im- L   dans le feu pour son ami : ce que voyant celui-ci, il veut suivre aussi dans le brasier les pas de sa compagne ; mais, s'il est rejoint avec l'eau, il s'appaise à l'instant : c'est la ressemblante image de l'amitié entre les bons. * 67.

Dans le même océan, ici dort le Dieu aux longs cheveux ; là, dort la foule de ses ennemis ; — là, sommeillent ces montagnes ailées dans le refuge, qu'elles y vinrent solliciter ; — là, repose encore le feu *à la tête de* cavale, avec toutes les causes destructives du monde : — oh ! *qu'im*-mense, puissant, capable de soutenir un fardeau démesuré est *donc* ce corps de l'océan! 68.

Pourquoi ne *voit-on* pas la tortue céder à la

----

(1) Mauvais génies, d'une grandeur et d'une force merveilleuses ; démons ennemis des hommes.

douleur et secouer de son corps la charge de la terre ?—Pourquoi ne *voit-on* pas le *soleil*, roi du jour, *vaincu* par la fatigue, se reposer immobile *dans les cieux ?* — Et pourquoi ne *voyons-nous* pas l'homme qui mérite des éloges rougir de ses principes et s'en dégager avec empressement (1)? — C'est que l'accomplissement d'une mission acceptée est pour tous les êtres bons une chose obligatoire et sainte, comme le vœu, *qui enchaîne un fils à la célébration des sacrifices* de famille. 69.

Éteins *en ton âme* la convoitise, cultive la patience, étouffe *l'amour de* l'ivresse, ne mets point ton plaisir dans le péché, — dis la vérité, suis la route des bons, respecte l'homme savant, — honore ceux qui sont honorables, réconcilie tes ennemis *avec toi*, cache tes vertus,—défends ta gloire, montre à l'homme affligé un cœur sympathique : voilà *où tendent* les *continuels* efforts des gens de bien. 70.

La pensée, la parole, le corps pleins d'une ambroisie pure, — réjouissant les trois mondes par les faisceaux multipliés de leurs aumônes, — toujours disposés à changer en montagne un

(1) Sahasâ, Manuscrit B.

atôme de la vertu d'autrui : — c'est assurément
là ce que sont tous (1) ces hommes de bien, dans
le cœur desquels s'épanouit *la fleur des
vertus !* 71.

VII.

Les Dieux ne se laissèrent pas séduire *à la vue*
des perles magnifiques, *première et scintillante
production de l'océan baratté* ; *ensuite*, le poison
formidable, *vomi par le serpent Çésha*, ne put
les jeter dans la crainte ; — *enfin*, ils n'en sont
pas venus à quitter leur difficile entreprise, sans
avoir obtenu l'eau d'immortalité : — c'est *ainsi*
que les hommes fermes ne se désistent jamais,
s'ils n'ont touché au but, qu'ils s'étaient
proposé. 72.

Les gens *à sentiments* bas ne commencent
rien par la crainte des obstacles ; — ceux qui
tiennent le milieu *entre courage et lâcheté*
commencent, *et bientôt* ils renoncent, vaincus
par les difficultés : — *mais*, quoique repoussés
maintes fois par les obstacles, — les hommes su-

(1) Mot à mot: «Il y a de tels saints autant que
d'hommes bons, au cœur desquels, etc.

périeurs n'abandonnent jamais une œuvre commencée. 73.

Il est assurément un grand ennemi *d'eux-mêmes*, embusqué dans le corps des hommes, c'est la paresse : — mais le travail est un ami à nul autre semblable ; car celui-là vit (1), qui travaille. 74.

Sous le poids même du malheur, il est impossible que l'homme naturellement ferme se laisse ravir sa qualité de constance :*—ainsi, renversée même la tête en bas, une torche — n'en continue pas moins à diriger sa flamme vers le ciel. 75.

Celui de qui les hanches et les yeux d'une femme charmante ne pénètrent point l'âme de leurs flèches, — de qui le feu de la colère ne brûle jamais le cœur de son ardeur *impatiente*, — et que la multitude *alléchante* des choses estérieures n'enchaîne point avec les cordes puissantes de la convoitise : — celui-là, *dis-je*, est un héros, vainqueur de tout cet *univers*, *qui forme les* trois mondes. 76.

(1) Littéra'ement : *ne périt pas*, ou, peut-être, *ne dépérit pas*.

Mieux vaut que , précipité quelque part de la cime escarpée d'une haute montagne sur un sol rocailleux (1) , — ce corps tombe, déchiré au milieu des pierres aiguës ; — mieux vaut mettre sa main dans la gueule aux dents acérées du roi des serpents ; — mieux vaut tomber dans le feu même, que voir expirer sa vertu ! 77.

Le feu se fait eau , l'océan devient à l'instant même un faible ruisseau , — *et* le Mérou un très-petit caillou ; le roi des animaux se change tout-à-coup en timide gazelle ; — une liqueur de poison en rosée d'ambroisie, et le serpent si-nueux en guirlande de fleurs, *à la volonté* de l'homme, — dans le corps soumis duquel on voit s'épanouir la vertu, qui domine sur tous les mondes avec le plus d'empire. 78.

Tantôt n'ayant pour lit que la terre *nue*, tantôt couché sur les coussins d'un riche palanquin, — tantôt vivant des herbes les plus viles, tantôt sa-vourant les plus délicieuses nourritures; — tantôt vêtu d'une panne grossière, tantôt portant un habit divin : — ainsi, l'homme sage, adonné à la

(1) *Vishamai*, localif de vishama , *âpre* , *inégal* , ra-boteux , manuscrit B.

pratique des bonnes œuvres (1) , voit avec la
même indifférence la peine et le plaisir. 79.

La bonté est l'ornement de la souveraineté;
la mesure dans les paroles, celui de l'héroïsme;
— la tranquillité du cœur, celui de la science;
la modestie, celui du çamanéen (2); la libéralité,
faite dans le vase du mendiant, celui de la richesse; — être sans colère, celui de la dévotion;
la tolérance, celui du noble; la vérité, celui de
la justice : — mais le principal ornement de
toutes est cette vertu, qui commande à soi-même (3)
dans tous les instants. 80.

Que les maîtres en morale blâment ou qu'ils
approuvent; — que la fortune entre ou qu'elle
sorte à sa volonté; — que la mort soit pour ce
jour même, ou qu'elle ne doive point arriver
avant la fin d'un youga (4),—les hommes fermes
n'écartent jamais leurs pas du sentier, hors de la
droite raison et de l'équité. 81.

(1) Ou, suivant une autre leçon : *qui possède la
science de l'yauga.*
(2) Ascète, qui a pu dompter les organes des sens et
les réduire au calme, çama.
(3) *Sarvakâlaniyaman*, cité dans les notes de Boblen.
(4) Un âge du monde.

VIII.

Un reptile gisait, toute son espérance brisée, ses organes des sens allanguis par la faim, et son corps pressé dans une boîte fermée d'un couvercle, — lorsqu'un rat, pendant la nuit, ayant fait *là* son trou, vint se jeter de lui-même dans la gueule du serpent : — celui-ci *d'abord* se rassassia de sa chair, et sortit *ensuite* précipitamment par le chemin du rongeur. — Tenez-vous *donc* fermes, puisque dans l'accroissement et la chûte des hommes la seule cause, c'est le destin. 82.

A peine tombée sous la main, dont elle fut chassée, une balle à paume se relève aussitôt : — *il en est ainsi* communément pour les hommes de bonne vie ; les calamités *pour eux ont des vire-voltes* inconstantes. 83.

L'arbre coupé repousse encore ; détruite *au bout du mois*, la lune *renaît et* répare ses pertes : *aussi*, l'adversité ne peut-elle consterner les sages, qui méditent sur ces transformations. 84.

Dans ce combat (1), — où Vrihaspati était le

(1) Ces trois mots appartiennent au troisième vers, où nous avons indiqué leur place avec un astérique.

général, où les Dieux étaient l'armée, où le tonnerre était la flèche, — où le ciel *même* était la citadelle, où l'éléphant Airâvata (1) était la cavalerie, où leurs bataillons s'appuyaient évidemment sur la faveur de Vishnou ; — le maître de ces forces et d'un tel empire, *Indra*, n'en fut pas moins brisé * par ses ennemis puissants :—n'est-il pas évident que ce résultat était lié au destin ? Le courage est, hélas ! un refuge inutile contre lui ! 85.

Un chauve, à qui les rayons de l'*astre*, qui règne sur le jour, brûlait une fois la tête, — désirant un lieu, qui ne fût point exposé au soleil, alla *se coucher*, par l'impulsion du sort, au pied d'un arbre vilva (2) ;—*mais* là, un de ses grands fruits, tombant *soudain*, lui écrasa la tête avec bruit :—*ainsi*, presque toujours, où va l'homme, de qui s'est retiré la bonne fortune, les malheurs y vont du même pas avec lui. 86.

Ayant considéré que des sages vivent ici dans la pauvreté, — que *l'homme* garotte un éléphant et même un serpent *boa*,—que d'obsures planètes éclipsent l'astre cause du jour et le flambeau des

(1) Éléphant du roi des Dieux.
(2) *Ægle marmelos* ou *Cratæra marmelos*.

nuits ; — voici quelle fut ma pensée : « Oh ! *que
le Destin est donc un maître* puissant ! » 87

Après qu'il a produit une si riche mine de
toutes les vertus, l'homme, *cette* perle, ornement
de la terre, — si le Destin, ô malheur ! la brise
dans un instant, quelle *n'est* donc *point*, hélas !
son ignorance ! 88.

Pourquoi serait-ce la faute du printemps, s'il
n'y a pas même une seule feuille aux branches
du karîra (1) ? — En quoi le soleil est-il coupable,
si, dans le jour, on n'aperçoit pas même le
hibou ? — Et encore, si les gouttes de pluie ne
tombent pas dans le bec du tchâtaka, la faute en
est-elle au nuage ? — Qui *donc* aurait la puissance
d'effacer ce que le Destin écrivit dans l'origine
sur le front de *tous* les *êtres?* 89.

Il faut nécessairement que le Destin, maître
des choses, amène à chacun ce que, petit ou
grand, il a fixé lui-même en souverain dans le
monde : la conduite ne peut en garantir. — Qu'il
pleuve un jour même entier du nuage, tout plein
des plus riches (2) espérances, — les menues

(1) *Capparis aphylla*, vulgairement appelé *Karîl.*
(2) Littéralement, *rempli de toutes les espérances.*

gouttes de la pluie *n'en tombent pas en plus
grand nombre*, *mais* deux à deux dans le bec
du tchâtaka. 90.

Qu'un *homme* plonge dans l'eau, qu'il monte
sur la cime du Mérou, qu'il soit victorieux de
l'ennemi dans un combat, — qu'il sache entièrement les sciences *du monde* policé, le négoce,
l'agronomie et le reste ; — qu'après une étude
profonde (1) il voyage, comme un oiseau, dans
l'étendue immense du ciel : — il n'y a point là
une chose, qui ne devait pas être ; combien plus
ce qui doit être, par la puissance des œuvres,
ne peut-il jamais avorter ? 91.

IX.

Nous adorons les Dieux : *eh quoi !* ne sont-ils
pas eux-mêmes placés sous l'empire du Destin ?
—*Alors*, c'est le Destin, qu'il *nous* faut célébrer !
mais que dis-je ? lui aussi n'est pas libre ; *car*
c'est l'œuvre seule, qui porte d'elle-même son
fruit. — Si le fruit dépend des œuvres, que nous
importent les immortels ? et que nous importe le

(1) Littéralement : *le plus grand, un suprême effort.*

Destin ? — Ainsi, adoration soit aux œuvres, *puisque* le Destin même ne prévaut pas sur elles ! 92.

Adoration à cette œuvre sublime, pour laquelle on voit circuler sans repos le soleil au sein des cieux; — pour laquelle Brahma conçut et façonna l'œuf cosmique dans le vase de son ventre, ainsi que le potier *moule de l'argile entre ses doigts;* — pour laquelle Vishnou se jeta en dix ava- taras (1), *comme dans un* défilé aux issues longues, étroites, laborieuses; — pour laquelle enfin Roudra s'en alla mendier çà et là, tenant, au lieu d'une tasse, un crâne d'homme à la main ! 93.

Ce qui rapporte du fruit, ce n'est pas la beauté, ni la famille, ni la bonté du caractère, — ni même la science, ni un service accompli avec une laborieuse ardeur; — mais le trésor de bonnes œuvres, que l'homme s'est un jour amassé par l'exercice de la mortification : — c'est là vérita- blement ce qui *vous* rend son fruit dans la saison, comme un arbre *fertile.* 94.

Dans une forêt, dans une bataille, au milieu

(1) Descentes dans la matière ; incarnations.

des ennemis, de l'eau et du feu,—dans la grande
mer, ou sur le sommet d'une montagne, — endormi, ou joyeux, ou plongé dans la tristesse, —
ce qui sauve, ce sont les œuvres pures, dont
l'homme au temps passé fut l'artisan. 95.

Si tu veux manger le fruit désiré, sache te
rendre favorable la Déesse, qui préside aux bonnes
actions (1), — qui change l'homme vicieux en
homme vertueux, les fous en sages, les ennemis
en amis, — qui donne aux yeux la vision de ce
qui était invisible, et fait à l'instant même de
l'ambroisie avec du poison :—ainsi, ô toi, qui es
bon, ne te crée pas des soucis par une vaine
tension d'esprit sur des vertus improductives. 96.

Il faut qu'avant de commencer une chose
l'homme sage, qui fait une action douée ou non
de qualités, considère avec soin quel fruit en
doit éclore et mûrir;* — car, dans les œuvres
commencées avec une ardeur inconsidérée, il est
un fruit, qui reste verd, au suc amer et cuisant
comme une flèche, dont la pointe est une
flamme, qui vous brûle le cœur. 97.

(1) L'édition : vampour, au lieu de satkriyam,
porte Çankari... à-dire, épouse de Çankara, le
même que Çiva.

Malheureux l'homme vertueux, qui ne marche pas dans ce monde pour embrasser un héroïque ascétisme; il ressemble au fabricant d'huile, qui ferait bouillir du sésame dans une chaudière de lapis-lazuli, sous laquelle, à grand tas, il met brûler du santal, ce bois si précieux; il ouvre des sillons avec une charrue à soc d'or sur une terre, qu'il doit emblaver avec les semences de l'ivraie; il taille en guise de pieux les plus riches morceaux de camphre, afin de s'en faire une haie pour enclore un champ de kodravas (1)*. 98.

Quand un homme s'est amassé dans une vie antérieure une grande quantité de bonnes œuvres, — pour lui un bois affreux devient une ville capitale, — vers lui tous les humains accourus se réfugient sous *les pieds de* sa bénignité, — pour lui ce globe entier *n'est qu'un* trésor plein de *riches* diamants. 99.

L'homme fort et parvenu à se modeler sur un cœur infiniment pur, son propre auteur à lui-même et l'auteur de nombreuses vertus, *saint cortège* de la modestie, abandonne son bonheur

(1) *Paspalum frumentaceum*, espèce de semence, dont les indigents se nourrissent.

10*

et sa vie ;⁴ — mais, attentif à marcher dans la
profession de vérité, *que sa piété a su choisir,*
jamais il n'abandonne son vœu. 100.

———

Ici, est terminée
LA CENTURIE SUR LA NITI OU L'ÉTHIQUE,
Œuvre de Bhartrihari.

ADORATION AU DIVIN GANÉÇA !

ENSUITE, COMMENCE

LA CENTURIE DU VAIRAGYA.

Le Dieu de la lumière *intelligible*, qui pare, comme avec un bouton de fleur, son *adorable* tête avec la flamme tremblotante de la charmante lune, — où vient se brûler dans ses jeux le phalène voltigeant de l'amour; *Çiva, cet astre*, qui brille au sommet de l'état *saint*, où l'on

obtient le salut ; — *ce soleil*, qui dissipe à son
lever toutes les ténèbres amoncelées de la folie
sur la rive du monde, où mugit la mort ; —
Çiva, *dis-je*, *ce* flambeau de la science, Çiva domine en maître la pensée dans l'hermitage des
yaugis. 1.

I.

Les grands ont la science facile ; mais ils sont
aveuglés par l'égoïsme, et l'envie même les dévore : — l'ignorance a frappés les autres d'aveu-
glement. Aussi, le beau langage, enseigné dans
le Védanga (1), est-il dédaigné maintenant
comme un habit (2) usé. 2.

Je ne vois pas qu'une œuvre accomplie dans
le monde puisse jamais procurer le salut ; — et la
crainte se glisse en moi, quand je considère ce
que la vertu exige pour sa maturité : des masses

(1) Nom de six livres, science accessoire des Védas, et
qui renferment la prononciation, la grammaire, la pro-
sodie, l'explication des termes obscurs, les rites religieux
et les mathématiques.

(2) Le texte est plus simple ; il dit seulement : *est une
chose décrépite.*

considérables de vertus sont obligées de tenir
long-temps embrassés les objets des sens, et cela
fait qu'ils grandissent au point de communiquer
en quelque sorte l'infirmité *du vice* aux hommes
nés pour vivre avec les sens. 3.

J'ai erré dans plus d'un pays rude, impénétrable, et je n'ai retiré aucun fruit *de ma peine;*
— ayant mis de côté le digne orgueil de caste et
de naissance, j'ai fait le métier de serviteur, où
je n'ai rien gagné ; *enfin*, parasite sans honneur,
j'ai mangé dans la crainte, comme une corneille,
à la table (1) d'autrui : — et tu ouvres *encore* ta
bouche *affamée!* et tu n'es pas satisfaite aujour-
d'hui même, cupidité, qui te plais dans les
œuvres de péché! 4.

J'ai creusé le sein de la terre dans l'espérance
d'y trouver quelque trésor; j'ai soufflé *le feu
sous* les métaux *arrachés* de la montagne ; — j'ai
traversé les fleuves; j'ai travaillé de toutes mes
forces à plaire aux grands et aux rois; — j'ai
coulé toutes mes nuits dans un cimetière, l'esprit
appliqué aux conjurations opérées avec les mantras *ou formules de magie :* — et je n'y ai pas

(1) Littéralement : *grihéshou, dans les maisons.*

gagné même le moindre cauri : cupidité, rends-
moi donc *enfin* ma liberté aujourd'hui ! 5.

Comment peut-on souffrir d'être sévèrement
grondés par les méchants, et se montrer même
porté à les vénérer? — Refoulant ses larmes au
fond du cœur, on rit d'une âme sans joie ; — on
pétrifie sa pensée, comme un pilier, et l'on se
tient, les mains jointes, devant ces hommes
frappés de folie : — mais toi aussi, espérance,
vaine espérance, ne me fais-tu pas danser moi-
même de la plus belle manière ! 6.

Pourquoi, nous étant dépouillés de la sagesse,
ne réglons-nous pas toutes nos résolutions sur le
seul intérêt — de la vie présente, qui est pareille
à une goutte d'eau, suspendue au bord de la
feuille dans un massif de lotus? — Ou pourquoi,
laissant se faner les fleurs *délicates* de nos pu-
deurs et prosternés devant les pieds des riches,
aux âmes indigentes de savoir, mais enivrées d'o-
pulence, n'allons-nous pas commettre le péché
de leur vanter nous-mêmes nos propres qualités?° 7.

Ce ne sont pas les aliments, c'est nous, qui
sommes mangés; — ce n'est pas le feu *du foyer*,
qui s'éteint, c'est nous-mêmes, qui nous étei-

gnons; — ce n'est point le temps, qui passe, c'est nous, qui passons; — ce n'est pas le désir, qui vieillit, c'est nous, qui vieillissons. 8.

Le visage est envahi de rides, la tête est semée de cheveux blancs, — les membres sont devenus faibles: seule en nous, la convoitise reste *encore* toute jeune! 9.

Il n'y a plus de goût en moi pour aucune volupté; la considération, où j'ai vécu parmi les hommes, est tombée; — mes égaux pour l'âge sont allés au ciel; avec eux *ont quitté la terre* ceux que la ressemblance de vie avait rendus mes amis;—je marche avec lenteur, soutenu sur un bâton; mes yeux sont offusqués par l'obscurité d'un nuage: — et ce corps malade tremble encore, hélas! devant la mort, qui cependant est son remède! 10.

Certainement, l'espérance est un fleuve, dont l'eau est le désir; ses ondes agitées, c'est la convoitise; — ses crocodiles sont les passions; ses oiseaux *volages*, c'est l'incertitude; les pensées sourcilleuses *de l'orgueil* en sont les berges *escarpées;* ses tourbillons d'eau, c'est la folie, gouffre éminemment périlleux, très-difficile à traverser, où tombe l'arbre miné de la constance:*

—*mais* les princes de l'yaugi (1), abordés *enfin* sur la rive opposée, y goûtent dans leur âme pure une *céleste* joie. 11.

II.

Rien n'interrompt la joie de ceux qui savourent le bonheur dans l'essence *divine* du plaisir et du contentement;—mais elle ne s'éteint jamais la soif de ces autres hommes, dont la pensée est toute asservie à l'ambition des richesses. — Puisqu'il en est ainsi, pourquoi la Destinée aurait-elle choisi de tels biens pour en faire les maîtres souverains des félicités? — A mon avis, *tout* l'or, si, dans sa propre vie, un homme pouvait l'amaser pour lui seul en montagne aussi grande que le Mérou (2) même, ne saurait lui donner le bonheur ! 12.

Les biens sensuels, quelque long temps qu'ils aient brillé *à nos yeux*, s'en iront *un jour* de toute nécessité. — Quelle différence y a-t-il entre un abandon *volontaire et un dépouillement forcé*,

(1) Union mystique avec Dieu.
(2) Nous lisons *mérour* dans le manuscrit B, au lieu de *bhérour*, mot donné par l'édition-Bohlen et que Schiefner appelle un mot *absurde*.

qui empêche l'homme de renoncer librement à ces biens? —S'en vont-ils malgré nous, c'est avec une douleur incomparable de notre âme : — si on les quitte de soi-même, il en résulte un bonheur infini de quiétude. 13.

Ces hommes d'une âme sans tache, à qui la science de la sainte Écriture enseigna la sagesse (1), exécutent, ô merveille ! une œuvre difficile, — quand, dégagés de tout désir et voulant briser avec les plaisirs des sens, ils renoncent absolument aux richesses; — tandis que nous sommes incapables d'abandonner, je ne dis pas des biens acquis au temps passé ou présent, — mais des choses, que nous n'avons pas une ferme assurance d'obtenir et que nous tenons dans nos mains seulement par le désir." 14.

Les bienheureux *ascètes*, dans les grottes, qu'ils habitent sur les montagnes, contemplent au fond de leur pensée la suprême lumière; — et, dans *l'extase de* la béatitude, ils versent des larmes, dont les gouttes sont bues par les oiseaux, qui nichent sans méfiance dans leur sein: — nous, au contraire, nous caressons avec une *folle*

(1) Littéralement: *la distinction.*

joie les jeux de notre imagination, qui nous plante des bocages, nous construit des palais, nous amuse aux rives d'un lac *fantastique*, et la plus noble vie se perd *dans ces vaines illusions*. 15.

Une nourriture mendiée, sans goût, et cela même, *par jour*, une seule fois;—la terre pour lit, son corps uniquement pour domestiques;— une panne grossière, faite de cent vieux haillons *recousus*; — et cependant, ainsi, chose éton- nante! on n'a pas renoncé encore à tous les objets des sens! 16.

Si l'on compare les seins, qui sont un composé de chair, on dit : « Ce sont deux coupes d'or! » —Le visage est la sentine (1) des sécrétions mor- veuses, et cependant *on n'a pas honte de* le mettre en parallèle avec le disque de la lune.— Ce qui (2) est mouillé par l'écoulement des urines *fétides* rivalise *dans nos vers* avec la trompe du plus beau des éléphants! — C'est ainsi que très-souvent divers poètes, *et malheureu- sement* des meilleurs, ajustent de la noblesse à cette forme, qui mérite *seulement* du mépris. 17.

(1) Littéralement : *la maison*.
(2) *Djaghanan*, ose même écrire, au bout de ce vers, le poëte indien, mettant de côté la pudeur.

l'homme des chants sacrés, le poète, qui est toujours comme lié volontairement au fardeau *lourd* de la peine, — fait arriver de loin un sens nouveau, rejette loin de soi une locution incorrecte, aime plus *que toute chose* à vivre dans l'arôme de la bonne société, — et, soumis docilement à l'esprit du monde, il compose lentement, lentement (1) son vers. 18.

Ignorant le pouvoir du feu, un moucheron, qu'attire une flamme ardente, y vole *et périt;* — c'est aussi par ignorance que ce poisson mange *l'amorce de* chair, dans le tissu de laquelle se dérobe un hameçon : — mais nous, qui pouvons

(1) Bohlen avoue qu'il n'a pas bien compris la stance ; c'est donc sans garantie, qu'il en donne la traduction suivante :

« E longinquo rem novam repetit suasor, et, humilem « sermonem longe devitans, hominibus bonorum cœtum « ornantibus quam maxime deditus est ; terrestribus co- « gitationibus occupatus pedetentim exornat orationem, « quemadmodum, curarum oneribus semper vexatus, « amorem depingit poeta. »

Au reste, la stance, dont nous avons donné une traduction fidèle, est un lieu-commun ; elle n'a aucune analogie avec ce qui a précédé et ce qui va suivre ; elle semble même tout-à-fait une interpolation de copiste sans goût.

discerner ces milliers (1) de filets, dont l'infortune *cherche à nous envelopper*,—nous ne savons pas nous dégager des *périlleux* désirs. Combien *donc* est *plus* grande, hélas! notre folie! 19.

L'Océan coupe la terre, et le réceptacle des eaux a cent yaudjanas (2) de profondeur; — tous les jours, le soleil voyageur mesure l'espace entier du ciel : — ainsi, le plus souvent, ô vous, de qui les existences portent le sceau de la période ascendante, — sachez faire *aussi* triompher *en vous* cette émulation infinie pour la sagesse, dont les *plus* excellentes *créatures vous donnent continuellement un si digne spectacle*! 20.

« J'ai une grande maison; des fils, qui ont l'estime des sages; des richesses, qui surpassent tout nombre; — une épouse vertueuse, et mon âge est encore celui de la jeunesse : » ainsi parle un homme, que l'ignorance aveugle. — Il entre dans la prison du monde, avec la pensée que tout y est impérissable; — mais le bienheureux *solitaire*, ayant vu qu'un seul instant suffit à les détruire, abandonne résolument tous ces biens. 21.

(1) *Multitudines.*

(2) Distance égale, suivant les uns, à onze milles, selon d'autres, à quatre ou cinq milles anglais.

S'il voit une épouse ; laissée veuve et sans nourriture, dont la robe usée est tiraillée par ses enfants affamés, qui crient et portent les soucis peints sur leur visage *naturellement* insoucieux; — *quel homme*, répétant d'une voix sanglotante *ce mot du mendiant*, dont la finale s'éteint dans son gosier par la crainte de voir échouer sa prière, — quel homme sensible dira *au passant* DÉNI ou *donne* ! pour satisfaire *égoïstement d'abord* aux besoins de son estomac, consumé *d'inanition* ? 22.

III.

Ce qu'il y a de plus propre à casser le nœud, qui retient liés à nous des honneurs grands et désirés ; ce qui est pour un bouquet des plus éminentes vertus ce que la lune est pour le nymphéa épanoui, qui se fane à son flambeau nocturne ; ce qui est comme une hache, qui sape l'arbre de la grande, de l'aimable pudeur : c'est le ventre, ce vase difficile à remplir et qui produit la misère. 23.

Dans un village saint ou dans un grand bois, mieux vaut, appuyé sur le sein de la décence, et mendiant pour calmer les cris (1) de son ventre, consumé par la faim ; *mieux vaut*, tenant à sa main un crâne, aux bords couverts d'un blanc tissu, aller, de porte en porte, dans les maisons du voisinage, bistrées par la fumée du feu, qui mange l'hostie du régénéré (2); *mieux vaut cela, dis-je*, que de vivre, magnifique seigneur, au milieu de ses nobles égaux, mais, chaque jour, *comme eux*, rongé par les soucis ! 24.

Pourquoi le sol des belles roches, habitées par les Vidyâdharas (3) — et rafraîchies par la rosée, qui jaillit des flots *brisés* de la Gangâ;—pourquoi ces régions de l'Himalaya s'en vont-elles *si rapidement* à leur fin ? — c'est parce qu'aujourd'hui l'homme se contente du morceau, qu'un autre lui jette avec dédain ! 25.

Pourquoi laisse-t-on se perdre inutilement pour les grottes *des anachorètes* ces racines comestibles et l'eau des cascades, qui se précipitent des montagnes ? — Pourquoi laisse-t-on aussi

---

(1) Littéralement : *remplir le vide, le creux, la caverne.*

(2) *Dridja*, nom du brahme, à cause de ses deux naissances, l'une physique et l'autre spirituelle, qu'il reçoit de la nature et de l'initiation.

(3) Une sorte de Génies ou Demi-dieux.

tomber sans profit, et les fruits savoureux, que
portent ces arbres, et l'écorce de ces rameaux,
qui donne le vêtement aux solitaires?—C'est (1)
qu'on regarde avec respect la face des méchants,
qui ont chassé violemment toute modestie ; —
ces méchants, de qui la liane des sourcils se
se balance au souffle puissant de l'orgueil, excité
par ce peu de richesses, que l'homme *ici-bas*
mange (2) dans la douleur ! 26.

Embrasse dès à présent un état de bienveillance et d'amour (3), dont les racines pures donnent un fruit *à nul autre pareil.* —Dresse-toi un lit
sur la terre avec les nouvelles et délicieuses

(1) Évidemment, les deux vers, qui terminent la
stance, impliquent une réponse aux deux vers, qui la
commencent. En conséquence, nous avons traduit comme
si on lisait le pronom conjonctif тат, *quod*, au lieu du
pronom interrogatif кіх, *quid*. C'est ainsi d'ailleurs qu'il
est écrit dans le manuscrit B, collationné par Weber.

(2) Bohlen a traduit par ces mots *opes injuria paratas*,
voyant dans le participe *updita*, un composé du verbe
dâ, uni aux deux prépositions *â* et *upa*. Nous, pour obtenir un sens plus beau, nous avons tiré ce mot d'une
seule *upa*, jointe au participe du verbe ad, *manger*, qui
a deux formes, *unna* et *atta*.

(3) Une traduction plus exacte serait peut-être celle-ci:
ce genre de vie aimable par sa bienveillance universelle.

pousses des arbres : lève-toi ! allons dans une forêt ! — Là, de ces vils souverains, aux âmes aveuglées par la folie, jamais, — certes ! on n'entend même les voix agitées par les soucis, les maladies et la richesse ! 27.

Du fruit à cueillir en toute liberté ; un verger, dont les arbres ne demandent aucune peine ; — à chaque pas, l'eau douce et fraîche des fleuves purs ; — une couche molle au toucher, faite avec de jeunes bourgeons sous *une* très-jolie *tente de lianes :* — ces *biens sont près d'eux*, et cependant ils préfèrent, les malheureux ! supporter le chaud du jour à la porte des riches ! 28.

Quand j'ai fini la méditation, assis sur ma couche de pierre, dans la caverne de la montagne, — je suis toujours me rappelant avec un rire vibrant ces jours, — où, jetant nos prières devant le Dieu des richesses, nous augmentons nos félicités douloureuses, — *ces jours*, où se révèle toute la petitesse de notre âme, tombée, parce qu'*elle* ne *sait* pas mépriser les objets des sens. 29.

*N'ayez qu'*un seul Dieu, ou *Vishnou* aux longs cheveux, ou *Çiva* ; — *qu'*un seul ami, soit un monarque, soit un ascète ; — *qu'*une seule habitation, ou dans la ville, ou dans la forêt ; — *qu*'une seule épouse, soit une femme, soit une grotte (1) ! 30.

Une nourriture mendiée, non repoussée *avec dédain*, reçue *même* avec joie, qui dissipe la crainte pour tous les instants, — qui anéantit l'envie méchante, l'insolence et l'orgueil, qui tarit la source des peines,—qu'on peut facilement obtenir sans travail, en tous lieux et tous les jours, qui est la purification adoptée (2) par tous les hommes de bien : — voilà ce que les princes de l'yauga célèbrent comme le trésor impérissable de Çiva et le sacrifice, que rien, *le rakshasa même*, ne peut empêcher. 31.

(1) Allusion à la vie des hermites ou solitaires.
Cette stance offre un exemple assez remarquable du du goût, que les poètes indiens ont pour l'allitération. Il ne sera donc pas inutile de la transcrire ici textuellement.

Êkan dêvas kêçavau vâ çivau vâ,
Êkan mitran bhoûpatirvâ yatirvâ;
Êkau vâsas pattané vâ vané vâ,
Êkau bhâryâ sundari vâ dari vâ.

(2) Littéralement : *aimée.*

11

IV.

La volupté, la famille, la richesse, les honneurs, la force, la beauté, les çâstras, la vertu et le corps sont neuf choses, qui ont chacune son danger particulier, savoir : la maladie, l'abaissement, un despote, la tristesse, l'ennemi, une jeune femme, l'incrédule disert, le méchant et la mort (1) : * — toute chose est donc sur la terre accompagnée de son danger ; les hommes trouvent dans le vaîrâgya seul une parfaite sécurité. 32.

La naissance est dévouée à la mort ; la jeunesse la plus belle s'enfuit vers la vieillesse ; — le contentement de l'esprit devant le désir des richesses, la douce tranquillité *du cœur* devant les agaceries des femmes adultes ; — la vertu est empoisonnée par l'envie des hommes, les terres boisées par les serpents, les rois enfin par les

___

(1) Pour être ici rigoureusement littéral, il nous aurait fallu dire : « La maladie est la crainte ou plutôt le danger de la volupté ; l'abaissement est la crainte.... ; » et ainsi neuf fois de suite : nous avons mieux aimé réunir ensemble, d'une part, les avantages, et, de l'autre, les dangers.

conseils des méchants : — les Dieux mêmes su-
bissent les coups (1) de l'instabilité; comment *donc*
et quelle chose dans ce monde n'en serait pas
dévorée *à son tour?* 33.

Les malheurs tombent, comme par une porte
ouverte, dans la maison (2), où Lakshmî —
par cent diverses inquiétudes et maladies, déra-
cine la santé d'un homme.—Aussitôt né, chaque
être devient malgré soi l'esclave en personne de
l'insatiable mort :—aussi, de quelle manière et
quelle chose pourrait donc être bien stable,
étant faite par le Destin, qui ne se laisse pas
diriger, *comme un éléphant*, avec l'aiguillon
crochu *d'un cornac?* 34.

Instruit que les voluptés sont, *pour ainsi dire,*
houleuses comme les flots, qui se brisent dans la
mer profonde; qu'un seul instant suffit à ren-
verser la vie; — que les jours *nous* sont ac-
cordés en petit nombre, *et* que le plaisir de la
jeunesse est placé au milieu d'écrasantes études;
—instruit enfin par les enseignements de l'intelligence que cette terre est elle-même sans

---

(1) *Inconstantid rel ipsæ vires divinæ irritantur*, dit
la traduction latine; c'est un faux-sens.

(2. Littéralement : *là.*

énergie : — employez (1) habilement *tout* l'effort de votre âme à mépriser les faveurs du monde. 35.

Les voluptés *passent* rapides comme un éclair, qui se joue au milieu de la conopée des nuages; — la vie est fragile comme la nuée, qui se déchire à l'instant où le souffle du vent dissipe les vapeurs amassées; — les désirs de la jeunesse sont pleins de trouble, *et* nous voyons les mortels (2) se jeter en courant au milieu des guerres sans raison : — apprenez *donc*, ô sages, dans l'yauga, au succès duquel une méditation énergique peut aisément vous élever; apprenez la, *dis-je*, à connaître l'intelligence *absolue*! 36.

La vie est agitée comme une vague ; le bonheur d'être jeune subsiste quelque peu de jours *seulement ;* — les biens ressemblent à la pensée *d'un homme qui rêve;* l'amas *varié* des mets fermente orageux comme le tonnerre dans la saison des nuages; — *le* plaisir tant chéri des amantes, ce *plaisir* même de s'embrasser et de coller sa bouche sur une autre bouche ne

(1) Le verbe est dans le texte, non à la seconde personne, mais à la troisième du singulier.

(2) *Tanoubhritas*, les âmes incorporées.

dure pas bien long-temps :—ô vous, sages, que
vos âmes soient *donc* attachées ferme aux choses
divines, et qu'elles traversent (1) jusqu'à la
rive opposée l'océan terrible de l'existence. 37.

Nos corps à la gêne commencent par habiter
un milieu impur, le sein d'une mère (2) ; —
ensuite, au temps de la jeunesse, la peine sans
mesure, que nous cause une séparation d'avec
notre infidèle amante fait marcher la volupté sur
un chemin blessant ; — *puis*, le dédain *amer*
d'une épouse aux beaux yeux contriste la maison
d'un mari ; et la condition même du vieillard est
d'elle-même un malheur : — dites-*moi donc*, ô
vous, enfants de Manou (3), si, dans ce monde,
il existe véritablement un bonheur, tant petit
soit-il ! 38.

(1) Nous admettons la variante, que propose Bohlen,
taranta, écrit en un seul mot et devenant ainsi une troisième personne de l'impératif dans le nombre du pluriel,
au lieu des mêmes syllabes, que son édition coupe ainsi :
taran tu.

(2) Littéralement : *in vulræ domo.*

(3) Le premier homme dans la mythologie indienne ;
c'est ainsi qu'on dirait chez nous : *les enfants d'Adam*
pour *les hommes.*

11*

La vieillesse, menaçant de tous les côtés, se dresse vis-à-vis de nous comme un tigre ; — les maladies, telles que des ennemis, combattent avec le corps;—la vie s'écoule de même que s'en va l'eau d'une cruche fêlée ; — *et*, quoiqu'il en soit ainsi, le monde, chose étonnante ! recherche *encore* ces funestes *voluptés des sens* ! 39.

Les voluptés sont de condition fragile et de mainte espèce; elles *enveloppent toute* cette existence :—ô vous, hommes, pourquoi donc errez-vous ici-bas et pourquoi vous fatiguez-vous en *stériles* efforts?—Si la confiance est due à mes paroles, *maintenez* votre âme pure, calme, libre des cent liens de l'espérance, et qu'elle s'améliore dans cette maison du corps, où sa volonté doit commander sur la naissance des *vains* désirs. 40.

Le solitaire, qui peut, en vertu de sa malédiction, enlever toute saveur aux richesses, à l'empire des trois mondes, au reste *des jouissances*, — regarde, sous le bananier (1), où il est

(1) Il nous faut dire ici, pour justifier notre sens, que nous avons regardé le mot ᴋᴀᴅᴀʟꜰ, oublié dans le Dictionnaire de Wilson et dans l'Amara-kosha, comme un

assis, la famille des Maroutes (1), Indra, les autres Dieux et Brahma lui-même comme une poignée d'herbes : — seul, un yaugi est le plus élevé *des êtres, et*, détaché de la terre, il aspire aux biens éternels : — ô toi, homme bon, ne mets donc pas ta volupté dans un autre plaisir, qu'un seul instant peut briser *et détruire*. 41.

V.

Cette ville délicieuse, et ce monarque *si* grand, et ces armées qui s'étendaient partout ; —et ces conseils d'hommes savants à côté de lui, et ces femmes aux jolis visages comme le disque *rayonnant* de la lune ; — et ces foules délirantes de fils de rois, et ces adulateurs, *et même* ces histoires *magnifiques : —* tout cela s'en est allé dans la région du souvenir : adoration soit *donc* à l'irrésistible (2) Kâla, de qui la puissance *opère ces révolutions !* 42.

attributif, dérivé du mot *baudhi*, le *ficus religiosa :* le baudha est donc pour nous un solitaire, qui se tient abrité sous les feuilles de cet arbre.

(1) Les Génies des vents.

(2) Au lieu de *tasmaï*, illi ; — car ici le pronom est emphatique.

Il fait que, sur le damier du globe, plusieurs *cavaliers* se trouvent dans les cases où il y en avait un *seulement* ; — et que là où d'abord s'en trouvait un, ensuite plusieurs, on n'en voit plus aucun à la fin *du jeu*; — et c'est ainsi que, chassant *du cornet* ce jour et cette nuit comme deux dés, — Kâla (1) joue avec Kâli (2) et fait sa partie sur l'échiquier du monde, où tous les les êtres animés lui servent d'échecs. 43.

Ces levers et ces couchers du soleil détruisent la vie jour à jour : — accablé sous le poids de nombreux devoirs et des travaux continuels, l'*homme* ne distingue pas la *marche du* temps;— il ne ressent nulle crainte au spectacle de la naissance, dévouée à la vieillesse, aux malheurs, à la mort; — et le monde, au vin de l'erreur, composé avec *le raisin de* la folie, boit l'ivresse jusqu'à la démence. 44.

« Voici la nuit qui revient! voici le jour qui renaît! » disent en leurs vaines pensées les créatures, — qui, salariées ou gratuitement, courent d'un pas égal à ces travaux, qu'elles poursuivent

(1) Le Dieu de la mort, ou le Temps.
(2) Kâli ou Bhavâni, épouse de Çiva et Déesse de la destruction.

avec de *longs* efforts : — de cette manière, accablés de soucis, et par le monde, et par les affaires, et par les objets des sens, *tantôt* renvoyés, *tantôt* rappelés, il ne nous reste pas un moment, hélas ! où nous puissions rougir de notre folie !* 45.

Ou, retranché du monde, suivant la règle, méditer sur les pieds de Çiva ;—ou bien acquérir la vertu, qui sait *nous* ouvrir les barrières et les portes du ciel ;—ou, *du moins*, couvrir de baisers, au temps du sommeil, le *joli* couple des cuisses et les seins potelés d'une femme : — *si notre vie n'est consacrée à l'une ou à l'autre de ces trois choses, que sommes-nous ?* des haches seulement, qui jettent à bas la forêt (1), que nos mères ont plantée dans leur jeunesse ! 46.

Une science, qui reste oisive sur la terre, qui n'a pas été recueillie modestement *et* qui ne peut réduire

(1) Le traducteur en latin dit que les trois quatrains suivants lui ont paru bien obscurs. En effet, il tombe dès ici dans un contre-sens. Cette forêt, c'est nous-mêmes, fruit des jeunes années d'une mère ; cette forêt, c'est l'homme, qu'il était inutile de mettre au jour, s'il ne devait posséder la science de bien aménager la vie, c'est-à-dire : goûter dans sa jeunesse à la coupe de la volupté ; ensuite,

au silence le troupeau des vains parleurs ; —une *vigueur, dont la* renommée ne s'est point élevée jusqu'aux cieux avec la pointe des épées, qui domptent la tête où sont assises les bosses frontales de l'éléphant ; — une belle amante, de qui, au lever de la lune, on ne suce pas le miel distillé sur le tendre bourgeon de ses lèvres ; — une jeunesse *enfin*, qui s'écoule inféconde : c'est, hélas ! comme un flambeau dans une maison (1) déserte ! 47.

Une science apprise, mais qui n'est point exempte de souillure ; une richesse, dont l'acquisition n'est pas due au travail ; — une obéissance, qui n'est point accomplie d'une âme attentive aux commandements de son père ; — une jeune fille aux yeux charmants, où le désir pétille, qui n'est point embrassée dans ces heures, dont le sommeil a fait son domaine : — il y a là des

acquérir les vertus, auxquelles sont promises les récompenses du Swarga, ce Paradis, qui n'est pas encore exempt de la renaissance ; enfin, capable d'un plus sublime effort, atteindre à la béatitude infinie par l'unification éternelle avec Dieu.

(1) *Coûnyâlayé ;* mais nous regrettons de ne pas trouver ce mot écrit avec une voyelle brève à sa première syllabe, afin de traduire ainsi : « une jeunesse inféconde,

moments, où l'avidité, pareille aux corbeaux, pousse l'homme à chercher sa vie dans les aliments d'autrui. 48.

Nous, qui fûmes long-temps même environnés de ces enfants, — que le souvenir laisse encore percevoir à nos sens, aujourd'hui, qu'ils sont devenus pareils à ces vieillards passés, *comme eux*, *dans la tombe*; — nous, *dis-je*, par des chûtes funestes, subies de jour en jour, nous sommes maintenant — tombés dans une condition semblable à *l'état vacillant* des arbres, *dont les flots ont mis à nu les racines*, au bord sablonneux d'un fleuve. 49.

La vie humaine est toute renfermée dans la mesure de cent années : une moitié de laquelle s'écoule entière dans la nuit; — l'enfance et la vieillesse remplissent une autre moitié de la seconde moitié; — le reste, enchaîné aux maladies, aux séparations, à *mille* chagrins, on le passe dans la domesticité et dans la pratique des autres métiers : — d'où peut *donc* venir le bonheur des

c'est comme un flambeau dans la niche d'une chienne; » car le nerf même de la pensée est ici dans le cynisme de l'expression.

mortels dans une vie plus agitée que la vague même des eaux ? 50. ✝

Après qu'il a été enfant un moment, et, le moment *qui vient ensuite*, jeune homme, s'enivrant d'amour; — un instant, privé de fortune; un autre instant, plein de richesses, — l'homme *enfin*, le corps sillonné de rides et les membres usés par la vieillesse, passe, comme l'histrion, quand la pièce est achevée, derrière les coulisses du théâtre de la mort. 51. ✝

VI.

Tu es roi; nous sommes grands, nous! par le *juste* orgueil d'une science, que nous tenons d'un précepteur vénéré : — on te célèbre à cause de tes richesses; *mais* les poètes sèment nos louanges dans tous les points de l'espace : — ainsi, un intervalle immense de *vraie* gloire et d'opulence nous sépare tous les deux; — et, si ton visage se détourne de nous *avec dédain*, nous aussi, nous sommes tout-à-fait sans aucune envie *de faire un seul pas vers toi.* 52.

Tu domines par tes richesses, nous dominons autant qu'il faut par *l'autorité de nos paroles;*

—tu es un héros; notre invincible héroïsme, à nous, c'est une règle, dont la sainte éloquence sait appaiser la fièvre de l'orgueil *dans les âmes;* —tu es honoré des riches à cause de ton opulence, mais c'est pour laver les souillures de l'esprit, qu'ils désirent écouter ma voix: — si ton penchant n'est pas incliné vers moi; jamais, ô monarque, jamais le mien ne fut dirigé vers toi! 53.

Nous sommes contents sur la terre, si nous avons, moi, un vêtement d'écorce, toi, un habillement de soie; — notre satisfaction est égale; la différence dans l'espèce des choses ne produit point ici une différence dans l'espèce des résultats (1): — mais que celui-là soit pauvre, de qui la convoitise est grande! — Qui est riche, qui est pauvre, où l'esprit est satisfait? 54.

Assez de fruits à manger, de l'eau douce à boire; — un lit sur le dos même de la terre, une couple d'habits en écorce: — *avec cela*, je peux fouler aux pieds l'orgueil de ces hommes vicieux, — qui sont ivres de tous leurs sens une fois, qu'ils ont goûté un peu au vin de la richesse. 55.

(1) Ou, d'une manière plus littérale: « Il n'y a dans l'espèce aucune différence. »

Nous mangeons ce que nous avons mendié ;
le seul habit, dont nous sommes revêtus, c'est
l'espace ; — nous couchons sur le dos nu de la
terre : quel besoin avons-nous des rois ? 56.

Nous ne sommes pas des comédiens, des
mignons (1), des chanteurs, — ni des femmes à
la taille iinclinée par le poids d'un *beau* sein ; —
ni des intelligences, dont la franchise est bail-
lonnée par la crainte de blesser *ou* de soulever
contre soi la vengeance des grands (2) : — roi,
que serions-nous *donc* ici dans ta cour ? 57.

La terre à sa naissance appartint d'abord toute
entière à quelques hommes de grande âme :
d'autres l'ont donnée comme une herbe *vile*,
après qu'ils en eurent vaincu *les séductions* ;
— et même, de nos jours, *on voit* ici des sages,
qui dominent sur les quatorze mondes : — d'où
vient *donc* la fièvre d'orgueil, qui tourmente ces
hommes, dont quelques villes seulement com-
posent tout l'empire ? 58.

Une seule minute par cent règnes ne fut ja-

(1) *Calamite*, en anglais.
(2) Le texte prête à ces deux sens : *paradrohariroud-
dhabouddhayas*, du manuscrit B.

mais prêtée *à qui que ce fût*, *au-delà du terme*
fixé, pour jouir du monde, *où son empire était*
fini. — Quelle est donc ici-bas cette vaniteuse
opinion d'eux-mêmes, qui pousse les monarques
ambitieux à conquérir *un lambeau de* cette
terre? — Maîtres dans une parcelle d'un membre
de quelque portion d'une partie du globe, — ils
conçoivent, les aveugles! une joie excessive d'une
chose, sur les pas de laquelle doit nécessairement
arriver l'infortune. 59.

Toute cette pelote d'argile, que le ruban (1)
des eaux entoure comme un bracelet, n'est-ce
pas une chose petite? — Et néanmoins une foule
de rois jouissent d'elle, après se l'être disputée
même par cent guerres et des sacrifices votifs,
pour se concilier la fortune des combats. — Si les
grands, qui peuvent donner, brûlent *de convoitise*,
comment les autres, qui sont petits et très-
pauvres, *ne sentiraient-ils aucun désir?* — Arrière
donc, arrière ces hommes vils, qui envient même
aux indigents un fétu de richesse! 60.

Quel est *donc* ce mortel, sur la tête de qui
l'ennemi de l'Amour voulut bien déposer en guise
d'ornement un crâne blanchi, *pour signe qu'il*

(1) Littéralement; *la ligne.*

*égalait cette personne à lui.** — Il n'y en a point : or, puisque Çiva lui-même embrassa la vie d'anachorète, puisqu'il a décapité Brahma d'une tête, à cause de son arrogance, et l'a mise en trophée sur une des siennes*, d'où vient cette fièvre d'orgueil, à nulle autre pareille, dont les hommes prennent le poids *écrasant* vis-à-vis de quelques gens humbles, et de qui l'esprit n'est incliné dans la vie actuelle (1) *qu'*au soin de conserver leur existence. 61.

VII.

Occupé tous les jours à te concilier de toutes manières les affections des grands, — pourquoi cherches-tu à diriger vers toi, cœur *de l'homme*, une faveur si féconde (2) en soucis ?—Heureux de voir l'étoile de la raison *poindre et* monter de soi-même sur ton *ciel* serein, — pourquoi n'est-ce point une âme détachée *du monde*, qui savoure en toi l'*ineffable* objet de son désir? 62.

(1) Adhounâ, *nunc.*

(2) Nous avons traduit comme si le texte portait *niphalan*, au lieu de *riphalan*. C'est d'ailleurs au même sens, que vient aboutir cette variante du manuscrit B : *klîçakalitan*, ærumnis imperviam.

Pourquoi erres-tu inutilement? Ame, repose-toi *enfui* quelque part ! — S'il en est ainsi de bon gré, s'il n'en est point ainsi forcément (1), sans te souvenir du passé, sans tenir compte du futur, —sache jouir ici des biens *présents*, qui viennent et s'en retournent d'une manière inopinée. 63.

Cesse de marcher dans ce bois des choses sensuelles, tout plein de terreurs et de soucis; réfugie-toi — dans le chemin du salut, qui sait opérer dès le premier instant le calme de toutes les misères; — charge sur tes épaules un état de vie, qui a l'âme pour objet : abandonne ta route agitée comme les vagues ;—*et* ne cultive pas davantage les voluptés fragiles de l'existence : esprit, sois donc enfin aujourd'hui satisfait ! 64.

Efface *dans toi* la folie; goûte le bonheur en ce Dieu (2), qui porte à sa tête le joyau de la lune mi-pleine; —ô *mon* âme, fais le vœu de renoncer à tout dans la terre, qui embrasse les rivages du fleuve, *tomb'* du ciel (3).—Comment et les ondes, et les bulles d'air, et les sillons, que

(1) Littéralement : *d'une autre manière.*

(2) Çiva, le Dieu des anachorètes, dont il pratiqua lui-même les saintes mortifications.

(3) C'est-à-dire, le Gange.

le tonnerre dessine avec les éclairs, et les femmes, —et l'eau des fleuves, et les serpents, et les pointes de la flamme peuvent-ils inspirer de la confiance ? 65.

Ame, considère souvent avec une *sérieuse* attention cette inconstance de la Fortune, — semblable à celle de la courtisane, dont le métier est de vendre le plaisir dans la cour des rois, es- clave obéissante au seul froncement d'un sourcil: —nous, au contraire, vêtus d'une panne indi- gente et nous promenant à Bénarès dans ses files de rues, nous entrons *hardiment* sous les portes des palais et sommes heureux de l'aumône, tom- bée dans le vase de notre main.* 66.

Devant soi, des chants et de savants poètes ; à ses côtés, les charmantes femmes du midi ; — derrière ses pas, le ramage des bracelets, qui se jouent sur les bras de jolies suivantes, agitant des chowris sur vos têtes :—âme, s'il en est ainsi pour toi, savoure la volupté dans le miel de l'existence; —sinon, entre au plus vite dans la méditation, où toute lumière abonde (1)*. 67.

On s'est abreuvé de prospérités, on a trait

(1) Littéralement : *qui est sans erreur, sans ignorance.*

des mammelles de l'amour toutes ses délices : que vient-il après ? — On a mis le pied sur la tête de ses ennemis : que vient-il après ? — On s'est acquis des amis, des richesses : que vient-il après ? — Votre âme est revêtue même d'un corps, qui peut durer tout un kalpa : que vient-il après ? 68.

Le culte de Çiva, la crainte de la naissance et de la mort toujours présente au fond du cœur, l'inaccessibilité, soit aux affections de parenté, soit aux émotions de l'amour, l'affranchissement des péchés, où le monde vit esclave, une habitation solitaire dans les bois : c'est en quoi réside le *Vaïrâgya* : est-il rien de supérieur à cela, rien qui soit plus à désirer ? 69.

Pense donc à ce Brahma sans fin, inaccessible à la vieillesse, *ce Dieu* suprême, qui étend *l'univers comme un voile* (1). A quoi bon ces *vaines cogitations sur des ombres* (2) sans réalité ?* — Pour l'homme, qui s'est dévoué à lui, ces maîtres du monde, ces voluptés et tout le reste des biens ne sont que les pensées de gens liés sous le *joug du* malheur. 70.

(1) Ou : «qui s'étend partout *comme l'âme universelle*.»
(2) Littéralement : *Asat*, ce qui n'est pas.

Tu entres dans les enfers; tu vas dans les cieux, et, les ayant franchis, — ton instabilité, ô *mon* âme, te promène autour du cercle *immense* de l'espace. —Comment ces pérégrinations mêmes ne te font-elles jamais souvenir de l'esprit immaculé, qui demeure en toi, de Brahma, par la *voie duquel* tu parviens à la béatitude *absolue?* 71.

VIII.

Que gagne-t-on avec ces Védas, avec ces traditions, avec ces lectures des Pourânas, avec les çâstras aux grandes histoires? — *Toute* la récompense, qu'ils nous donnent pour tant de fatigue à pratiquer des rites et célébrer des expiations, c'est d'habiter une chaumière dans quelque hameau du ciel. — Hormis une seule chose, la tache, dont notre âme est souillée, aussitôt que nous entrons un pied dans la volupté, ce feu de la mort, qui tombe du front des peines *liées, comme un fardeau* sur la naissance; *cela, dis-je, excepté,* le reste, *à mes yeux, ce n'est pas autre chose que* la profession *intéressée* du marchand (1)!" 72.

(1) Parce que nous donnons à Dieu pour qu'il nous

Ces éléphants aux joues et aux tempes sillonnées par la sueur de rut, qui se tiennent debout, encore tout engourdis par le sommeil et déjà tout parés d'or, à la porte *d'un palais;* ces coursiers orgueilleux, qui piétinent; — ces luths, ces flûtes, ces tambourins, ces trompettes, ces tymbales, qui réveillent un prince endormi : — toute cette *bruyante* pompe, égale à celle de la Déité (1), qui règne sur le monde des Souras, *n'est, à bien dire,* que le rugissement d'Yama (2), *le Dieu, qui préside à la mort !* 73.

Sa taille est courbée, sa marche est toute chancelante, la double rangée de ses dents est tombée; — sa vue s'éteint, sa *triste* surdité augmente; sa bouche salive, *quand il vous parle;* — l'homme, qui est son parent, ne tient pas compte de ses discours; il n'est plus obéi par son épouse : — hélas ! malheur à la vieillesse de

donne : on lui prête en quelque sorte à usure : nos sacrifices et nos prières sont comme un placement de fonds entre ses mains, dont il doit, pour ainsi dire, effectuer, à jour fixe, le remboursement avec les intérêts capitalisés.

(1) Indra.

(2) Ce sens très-simple m'est tout-à-fait propre; voici celui de Bohlen : « Hæc omnia, Indri tametsi pompæ similia, à justitiæ Deo exploduntur. »

12*

l'homme, car, *en ce temps-là*, son fils ne joue pas même à son égard le rôle d'un ami ! 74.

Dès qu'elles ont vu la couleur blanche tombée sur les cheveux de la tête, — état *repoussant*, qui attire le dégoût même sur la vieillesse des hommes, — les jeunes filles se retirent loin d'eux et les abandonnent *précipitamment*, de même que l'on évite un puits de tchândâlas (1), à la bouche duquel un ossement est posé *comme le signe que c'est un lieu affecté aux parias.* 75.

Tant que ce corps robuste est exempt de maladies, et que la vieillesse n'apparaît *à nos yeux* que dans un lointain *horizon ;* — tant que la vigueur des sens n'est point émoussée, et que la vie ne tourne pas encore à son couchant ; — tout ce temps même le sage doit s'employer avec de grands efforts au salut de son âme : — en effet, quand la maison est toute en flammes, que sert de travailler à *nous* creuser un puits ! 76.

Irons-nous, saints et pratiquant l'ascétisme, habiter *sur les bords du Gange*, la rivière des bons Génies ? — Où devons-nous presser dans nos

(1) Hommes de la condition la plus abjecte, qui n'appartiennent à aucun des quatre ordres légitimes.

bras des épouses modestes, quoique parées de nobles qualités? — Ou bien encore faut-il nous abreuver dans les fleuves des çâstras, dont les poëmes variés sentent le goût de l'ambroisie?— *Quoi qu'il arrive*, nous ne savons pas ce que nous faisons au milieu des hommes, dont la vie est toute renfermée dans quelques clins d'œil (1). 77.

Les rois aux pensées remuantes, comme un fringant coursier, sont des maîtres difficiles à servir : — et nous-mêmes, tandis que, soumis à la grossièreté de nos désirs, un rang bien élevé tient notre âme enchaînée, — *voici que* la mort *vient nous* enlever, avec ce corps usé par la vieillesse, une vie, qui nous était si chère. — Ami, dans ce monde-ci, il n'est *donc* rien de mieux pour les sages, que la mortification des sens ! 78.

Ta considération n'est plus vantée, ta fortune est brisée, tu ne peux même donner au men-

_____

(1) Le texte met le temps du verbe au présent : *habitamus, amplectimur, bibimus*. Nous avons changé le temps pour donner à ce quatrain une forme délibérative plus nettement dessinée.

diant (1), — tes parents sont morts, tes esclaves sont en fuite, ta jeunesse s'est peu à peu toute entière écoulée : — *dans cette position*, la seule chose, qui soit convenable au sage, c'est une habitation au sein de quelque hallier dans le creux d'une caverne sur le roi des monts élevés (2), dont la fille de Djahnou lave de son eau *sainte* les roches purifiées. ' 79.

Aimables sont les rayons de la lune ; aimable est un canton de bois tapissé de gazon ; — aimable est le bonheur de se réunir en société d'hommes vertueux ; aimables sont les histoires, *que nous lisons* dans les poèmes ; — aimable est un visage de bien-aimée, où tremble une goutte de larme excitée par le dépit : — mais, quand vous auriez obtenu tout ce qu'il y a d'aimable dans les choses passagères, que resterait-il après tout dans votre âme ? Rien ! 80.

Un palais *royal* n'est-il pas une chose délicieuse pour habiter ? un chant n'est-il pas ce qu'on

---

(1) VYARTHAM, *frustra venientibus egenis*, manuscrit B. et Çârngadhara.

(3) C'est le mont Himâlaya ; la fille de Djahnou est le Gange, ou plutôt la Gangâ, en lui donnant le sexe, qu'on lui attribue dans le pays.

peut écouter de plus charmant? — Goûter avec ses égaux le plaisir de la société, n'est-ce pas encore ce qu'il y a de plus exquis dans la joie? *dites-vous; mais je réponds:* des sages ne sont-ils pas allés vivre au fond des bois, parce que tous ces biens leur ont semblé *incertains* et mobiles, comme l'ombre de la pointe *vacillante* d'une flamme, agitée par le vent, que produit l'aile d'un oiseau, voltigeant près d'une lampe?* 81.

IX.

Ami, tandis que nous méditons sur les trois mondes, qui roulent *dans toutes ces révolutions de la matière,* — l'ambition ne peut marcher *en nous-mêmes,* de son pas lourd et caché, par le chemin de nos yeux ou par le sentier de nos oreilles; *ni* les choses des sens mettre, comme la femelle de l'éléphant, notre âme (1) dans une fougue de rut, *notre âme, que ces graves pensées* attachent, ainsi que l'éléphant mâle, au poteau de la continence.* 82.

Les désirs mêmes ont vieilli dans le cœur, et

---

(1) *Antaskaranakarinas,* manuscrit D.

la douce (1) jeunesse est écoulée ; — le corps
est, hélas ! descendu peu à peu dans l'impuissance
de ses organes, malgré les *médecins*, qui en con-
naissent *le mieux* tous les ressorts ; — et, pour
comble d'infortunes, *la mort* fond rapidement
sur nous ; la mort, qui met fin à tout, irrésistible, impatiente : — mais on trouve la délivrance
dans le couple ineffable (2) de tes pieds, Destructeur
de l'Amour, ô *Çiva*, et il n'existe pas une autre
voie pour le salut. 83.

Ou dans le maître suprême des mondes, *Çiva*,
le grand dominateur, — ou dans le vexateur des
hommes (3), *Vishnou*, l'âme intime du monde,
— je ne comprends pas une distinction de substance : — cependant, j'ai voué mon culte au
Dieu, qui porte sur sa tête, en guise de couronne,
le jeune *croissant* de la lune. 84.

Quand irons-nous, la vue troublée sous un

(1) *Tat*, pronom démonstratif, employé ici d'une manière emphatique.
(2) Littéralement : *inconnu ;* le texte ne porte pas,
comme ici, le mouvement de l'apostrophe.
(3) Ce nom en périphrase est donné le plus souvent à
Krishna : il est appliqué ici à Vishnou, auquel celui-là
est considéré comme identique par ses dévots adorateurs.

ruisseau de larmes, entrées *dans nos yeux*,—
en quelque lieu d'une île, dont la tremblante
lumière du clair-de-lune blanchit la surface;—
et là, délicieusement assis près du fleuve céleste,
pendant ces nuits, où tous les bruits sommeillent,—quand pourrons-nous, tremblants à
la vue des maux attachés *fatalement* à la naissance, nous écrier: « Çiva! Çiva! ô Çiva! » 85.

Ayant donné tous nos biens dans la vive charité, qui remplit nos cœurs;—ayant traversé
cet *océan du* monde, sans aucune saveur et déjà
parvenu à son dernier âge,—quand *donc*, au
milieu d'une forêt sainte, *et* la lune d'automne
nous enveloppant de ses rayons, passerons-nous
les nuits aux pieds de Çiva, unique asyle de nos
âmes ! 86.

Quand *donc*, habitant à Vâranasî (1) sur la
rive du fleuve des Immortels,—*nu et* les reins
seulement couverts d'une ceinture, élevant sur
ma tête la coupe figurée par mes deux mains
jointes,—coulerai-je mes journées rapides comme
un clin d'œil, en priant ainsi; « Soyez-moi pro-
pice,—ô vous, époux de Gâauri (2), ô meurtrier

(1) Bénarès.
(2) Un des surnoms de Pârvati ou Bhavâni épouse

du *mauvais génie* Tripoura, ô Çamblhou, ô Dieu, qui regardez avec trois yeux *le passé, le présent et l'avenir* ! » 87.

Après que je me suis baigné dans les eaux du Gange ; après que je t'ai honoré, Seigneur, avec une oblation de fleurs et de fruits purs,—j'entre dans la méditation, *et*, assis sur *mon* lit de roche dans la caverne de la montagne, je médite *ainsi :* — « Doué d'une âme belle, vivant de fruits, heureux d'écouter mon père spirituel, *je ne suis pas encore inaccessible aux tentations; quand serai-je enfin*, par ta grâce, ô toi, l'ennemi de l'Amour, ô *Çiva*, quand serai-je délivré du mal, que l'on gagne à servir cette *Divinité* mâle, de qui les pieds reposent sur le poisson makara ! » 88.

*N'*ayant pour lit *que* le siège de la terre ; comme oreiller, que ses bras, longs (1) rameaux *du corps ;* — ayant pour baldaquin la voûte du ciel ; pour éventail, cette brise caressante, — et cette lune pour sa lampe brillante ; aussi heureux

de Çiva et Déesse, tantôt de la destruction, tantôt du salut.

(1) L'épithète appartient au substantif *oupadhânan*, oreiller.

dans la privation de volupté que dans la compagnie d'une épouse aimée; —vivant d'une existence séparée du corps, l'anachorète dort paisible d'un sommeil, non moins doux que le sommeil du roi. 89.

Anachorète, sans désirs, calme, ayant la main pour *tout* vase, et l'atmosphère comme unique vêtement, — quand serai-je *enfin* capable, ô Çambhou, *de fructifier* sans les racines des œuvres! 90.

Faites que la main vous tienne lieu de toute vaisselle; soyez heureux de l'aumône reçue avec une âme pure; —asséyez-vous là où vous êtes, *sans chercher un endroit plus commode;* regardez sans cesse tout *l'univers* comme une touffe de gazon: —à quel homme entre les yaugis, qui désirent s'abreuver à pleine coupe dans la félicité suprême, la faveur de Çiva fut-elle (1) jamais accordée, s'il n'avait *d'abord* renoncé même à son corps (2)? 91.

(1) Le verbe du texte n'est point au temps passé, mais au futur.

(2) Ici, la traduction latine est tombée dans un faux sens, je n'ose dire un contre-sens. L'auteur n'a vu dans *atyâga* que la signification littérale et physique: au con-

Une ceinture usée au point de n'être plus que cent morceaux, une panne aussi toute semblable, — des aliments, qu'il faut mendier, auxquels on ne doit pas s'attendre, auxquels *refus* il ne faut donner aucune attention ; un sommeil goûté dans les cimetières *ou* dans les bois, — une marche partout libre et sans maître, une âme toujours calme : — à cela, si vous joignez encore l'immobilité dans le grand mystère de l'yauga, que vous servirait tout l'empire sur les trois mondes ? 92.

Ayant la terre en guise de palanquin, les lianes de ses bras comme oreiller, le ciel pour tente, la lune pour flambeau, la privation de volupté comme aussi délicieuse que la société obtenue d'une épouse ; — rafraîchi de tous les côtés par les vents comme par des chasse-mouches, que les *esclaves* charmantes de l'espace agitent *sur sa tête*, — le mendiant, qui s'est dépouillé de tous les désirs, dort, comme un roi, sur la terre. 93. ⸸

L'œuf brahmanique, c'est-à-dire, le monde, n'est qu'une boule : comment serait-ce le souhait

traire, il s'agissait d'y saisir le sens moral et figuré, qui est passé dans ce langage ascétique des chrétiens : *mourir aux sens, renoncer à ou se dépouiller de la matière.*

du sage? — Les mouvements du caphari ont-ils jamais produit l'agitation de l'océan? 94.

Quelque soit l'ascète, il demeure en liberté d'accepter *ou* de répudier les *obligations de nos différentes castes*; — il vit de choses mendiées, il est sans compagnie au milieu des hommes, il est dans tous les temps son maître à soi-même (1); — il porte un manteau mal cousu de haillons, qu'il emprunte à tous les vêtements usés, déchirés, jetés dans la rue; — il est sans aucun souci de la considération, il est sans vanité; *et* son unique volupté, comparable *même* au nectar, c'est d'enchaîner *tous* ses désirs. 95.

O terre, qui es ma mère! ô vent, mon père! lumière, mon amie! eau, ma bonne parente! — ciel, mon frère! moi, devant vous, les mains jointes et la tête inclinée, je me lie *par ce vœu*: — « Je jette la masse de ma folie entière dans le feu brillant et sans tache de la purification, allumé par les bonnes œuvres, qui naissent d'un saint commerce avec vous, *et* je m'unifie au Brahma suprême! » 96.

Nous sommes rassasiés par la divine parole de

(1) Ou : *ses actions ne dépendent que de lui-même.*

l'âme *universelle*, qui distille *son* ambroisie — *et* coule incorruptiblement, comme le plus doux miel, plus savoureuse à notre *bouche* que le beurre du sacrifice ! — Aussi long-temps que, pour le soutien du ventre, existeront ces farines d'orge, obtenues par la main du mendiant, — on ne nous verra point désirer un état de vie, fondé sur des richesses, que l'on gagne par des travaux d'esclave ! 97.

Le Créateur a fait du vent la nourriture innocente et facilement acquise — des serpents ; aux bestiaux, qui mangent la pointe des herbes, il donne *également* la subsistance et leur jonche un lit sur la terre : — c'est là aussi l'état des hommes, qui ont une âme capable de traverser l'océan du monde ; — leurs vertus, une fois qu'ils ont adopté cette vie *sainte*, parviennent toutes bientôt jusqu'à la perfection. 98.

O vous, colporteurs de théories fausses, obscures et confuses (1), qu'il en soit donné à ceux

(1) Une remarque singulière de Bohlen, c'est que du mot sanscrit *galimathan* vient notre mot *galimatias* ; c'est là une étymologie, que je ne veux, pour le moment, ni accepter, ni même repousser, malgré notre histoire ou notre conte de l'avocat plaidant sur le coq de Mathieu.

qui en donnent! — Nous assurément, nous sommes incapables de semer ainsi des paroles sans idées;—le monde reçoit de nous une science vraie,—et non une corne de lièvre (1): à qui et par qui cela peut-il être donné? 99.

Autrefois que l'esprit des hommes était sans tache, la sagesse *pour eux* consistait à étouffer la *cause des* soucis;—ensuite, les mortels, devenus mondains par le cours du temps, la mirent dans l'acquisition des plaisirs sensuels:—aujourd'hui, pourquoi, dans *toutes* ces parcelles de la terre, qui forment les états des rois, ont-ils vu les hommes détourner leurs visages des livres saints? —c'est, hélas! parce que, de jour en jour, la sagesse, ô malheur! tombe de plus bas en plus bas! 100.

(1) Nous avons déjà vu cette locution proverbiale dans la deuxième centurie, n° 5.

Ici, est terminée
LA CENTURIE SUR LE VAIRAGYA,
Ainsi que
L'ouvrage entier de Bhartrihari.

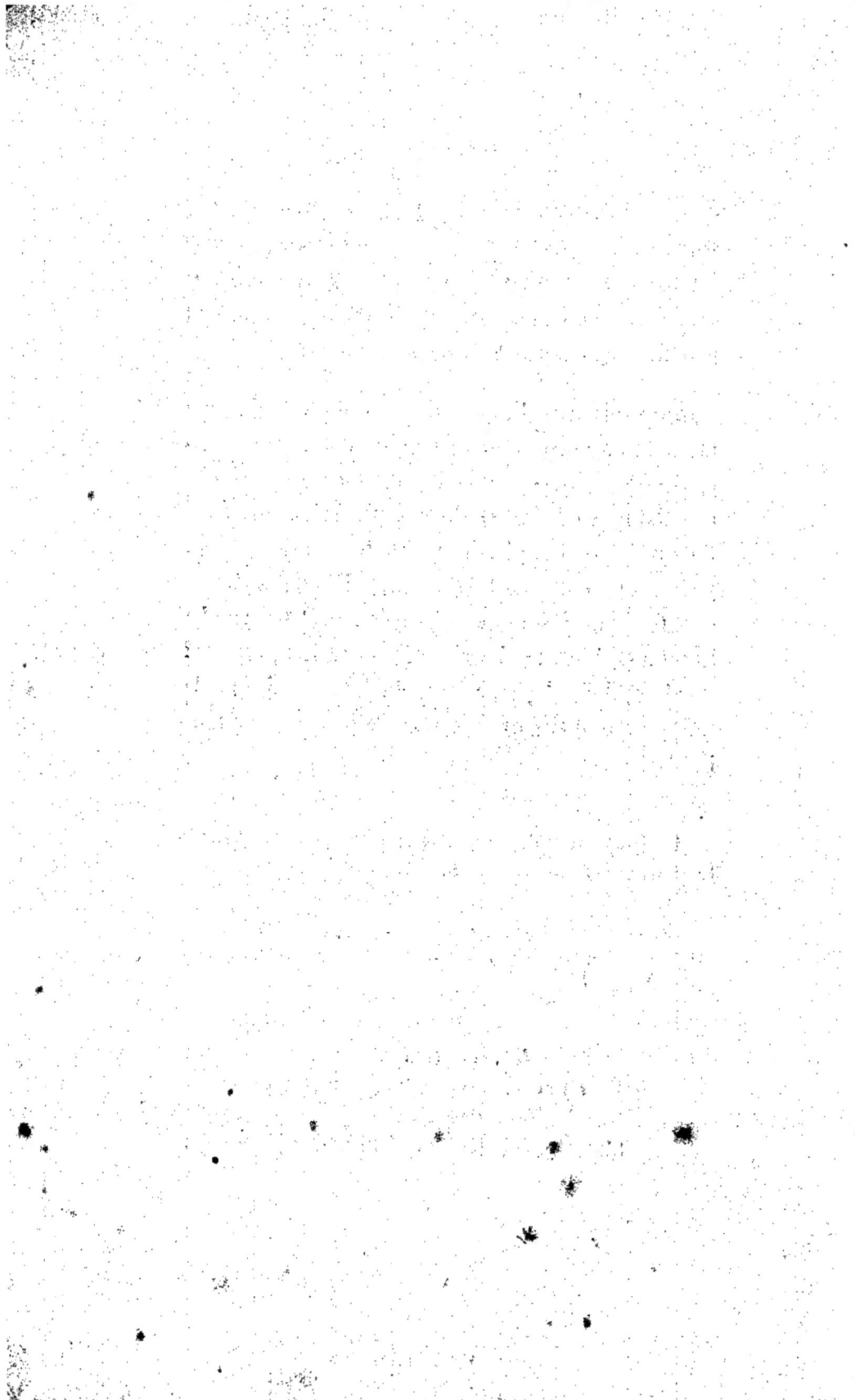

SUPPLÉMENT.

STANCES
DE BHARTRIHARI,
EXTRAITES DE PLUSIEURS LIVRES.

On peut arrêter le feu avec de l'eau, la chaleur du soleil avec une ombrelle, — le plus fort des éléphants même, au temps de sa fureur amoureuse, avec la pointe acérée d'un aiguillon ; le bœuf et l'âne avec un bâton, — la maladie par l'usage des médicaments, le poison avec des spécifiques et différentes incantations : — pour tout mal, on trouve *ainsi* le remède consigné dans *nos* livres ; mais, pour la sottise, il n'est pas de remède ! 1.

L'homme, sans les arts de la musique et de la poésie, — est, aux yeux du monde, comme un bœuf, mutilé de sa queue et de ses cornes : — il vit sans manger d'herbe, il est vrai ; — mais le sort des bestiaux n'en est pas moins supérieur. 2.

Ces *hommes*, à qui manque et la science, et la dévotion, et la générosité, — et l'intelligence, et le naturel, et les bonnes qualités, et la justice ; — ces *hommes, courbés sous* le faix de l'exis-

tence, — vaguent, comme des bêtes à forme humaine, sur la terre des mortels.* 3.

Un fils de bonne vie, une compagne très-
aimée, un maître qui lève *sur vous* son visage avec
bienveillance, — un ami qui *vous* aime, des ser-
viteurs fidèles, une âme où n'entre pas l'ombre
d'un souci, — une figure éclatante de beauté, une
richesse inébranlable, une bouche que la science
a purifiée : — *ce sont là des biens, que* l'homme
acquiert en Vishnou, *ce Dieu* bon, souriant, qui
ravit le monde *aux sens de l'ascète, ou qui doit
un jour absorber l'univers en soi-même.* 4.

Quelqu'un possède aujourd'hui toutes les plus
belles facultés des sens, une rare activité, — un esprit sain et même une grande éloquence : — que le
soleil des richesses abandonne une fois cet
homme, — il devient autre dans un moment ; tout
cela n'est plus ainsi, mais différent. 5.

O toi, tchâtaka, puisque tu vois de tes yeux
les gouttes de ta pluie tomber ainsi *dans ton bec,*
pourquoi donc implorer *encore* d'une voix en
détresse la faveur de notre nuage ! 6.

Hola ! oh ! tchâtaka, un moment ! Écoute un
ami avec ta pensée attentive : — «Il y a plusieurs
nuages dans l'atmosphère, mais ils ne sont pas tous
semblables ; — ceux-ci arrosent la terre avec les
pluies ; ceux-là tonnent, sans verser d'eau ; —

sache donc les distinguer, et n'adresse pas ta voix plaintive à tout nuage, que tu vois *passer* devant toi. » 7.

Dans ces lieux où poussent des arbres et rien que des arbres, — à quoi bon ce mont d'or ou cette montagne d'argent?—Aussi n'estimons-nous que le Malaya seulement, car, dans cet asyle, on trouve—de l'eau, des jujubiers, des nimbas, des koutadjas et des santals. 8.

C'est de l'œuvre, que dépend le fruit à récolter par les hommes; c'est donc à l'œuvre, que s'attache l'intelligence :—aussi le sage doit-il, quand il agit, examiner soigneusement ce qui en est à venir. 9.

Quel gain vaut mieux que la société des hommes vertueux! quel ennui que de fréquenter ceux avec qui l'on diffère de sentiments!—quel renoncement au monde, que la chûte *dans le cercueil au temps où l'homme se fait sannyasi!* quelle habileté, que de savoir mettre son bonheur dans la vérité du devoir!—quel héroïsme, que de vaincre ses sens! quelle richesse, qu'une bien-aimée fidèle à son vœu d'épouse! — quel plaisir, que la science: on voyage *avec elle* sans quitter sa demeure! quel royaume, que le génie du commandement! 10.

Partout les hommes, qui sont riches en paroles

13

aimables et pauvres en paroles méchantes, qui s'abstiennent de verser la calomnie sur les autres, et ne cherchent point la volupté ailleurs que dans les bras de leurs épouses ; partout, *dis-je*, ces hommes sont la parure de la terre." 11.

Il suffit assurément d'un seul héros, qui, marchant sur la terre, en foule de son pied la surface, —pour qu'elle soit éclairée d'une lumière éclatante, comme par les rayons du soleil. 12.

La rougeur du kamala, la disposition de l'homme vertueux à compatir aux peines d'autrui, — et l'inhumanité des méchants : c'est là un triangle, dont les qualités de ces trois servent au Destin pour dessiner les côtés. 13.

Quand l'homme vraiment noble tombe, sa chûte *élastique* ressemble à la chûte d'une balle à paume; *il se relève en touchant la terre:*—mais l'homme au cœur ignoble tombe *sans réagir*, de la manière que tombe une boule d'argile humide. 14.

Il n'est pas moins impossible de prendre le cœur *d'une femme*, que le visage d'une personne réfléchi dans un miroir.—On n'arrive jamais à bien connaître cette nature des femmes, inégale comme le chemin scabreux d'une montagne.—Leur pensée, ont dit les sages, est une goutte d'eau tremblante sur une feuille de lotus.—Oui, certes ! la femme est une liane ; et les péchés, dont elle est toute remplie, en sont les ramilles empoisonnées. 15.

C'est pour moi que l'Infini circule dans cette immensité du monde; c'est pour mes intérêts que, sanglier ou tortue, le maître daigna s'incorporer dans la matière et seul relever sur la pointe de son boutoir la terre plongée dans les eaux; c'est pour nous que Césha leur ennemi dévore ou livre au Dieu du trépas la tête des tyrans. 16.

Si tu veux observer la chûte de la fermeté des grands, tombés dans le malheur,—abstiens-toi de de ce travail, abstiens-toi de cette difficile étude! Dans l'océan même les principaux monts perdent, à la fin d'un kalpa, toutes leurs conditions d'existence : suit-il de là que les mers soient des choses viles et méprisables ? 17.

La fortune des héros est comme une belle fiancée, ivre d'amour, et de qui la gorge est sillonnée par les ongles d'un amant : le triomphe qu'elle désire, c'est une victoire, qui déchire sa poitrine avec une longue épée! 18.

Soit ! que la victoire ou le ciel demeure assuré au héros blessé, la face tournée vers l'ennemi: *mais* un discours vertueux peut donner l'un et l'autre, s'il enchaîne l'auditeur dans le plaisir d'écouter. 19.

Quel homme, sa bouche *encore* pleine du morceau, qu'un maître lui a jeté, ne marche pas docile au commandement? Le tambourin, au contraire, nous donne, la bouche vide, un son agréable. 20.

Si, par l'effet du sort, le monde naissait un jour sans lotus, — est-ce qu'on verrait le cygne, remuer, comme le coq, un tas de balayures? 21.

Quand ces hommes, de qui la vertu a mérinos hommages, professent une saine morale, tirée de leur seul fonds,—les préceptes, qu'ils enseignent de leur unique autorité, sont mis au rang même des çâstras *ou des livres saints.* 22.

Cette terre vacille, bien qu'elle soit portée sur le roi des serpents, sur les éléphants immobiles de l'espace et sur l'immense tortue ;—mais la récompense, due aux hommes d'un esprit sans tache, *est stable et* ne chancelle pas même à la fin d'un youga. 23.

Ceint d'un serpent ou d'un fil de perles, avec un ennemi fort ou un ami *zélé,*—dans les joyaux ou dans la boue, sur un lit de fleurs ou sur le caillou rocheux, sur le gazon ou dans un essaim de femmes, puissent mes jours s'écouler tous l'un à l'autre semblables,—tandis que je répète dans le coin d'une forêt pure : «Çiva! Çiva! Çiva!» 24.

Heureux les hommes, qui ont chassé leurs passions, renoncé aux affections du monde, brisé leurs chaînes dans la science de Brahma, et qui, joyeux aux pieds d'un *sage* précepteur, voient leur jeunesse couler dans la forêt d'une sainte montagne;—heureux même ceux qui, le soir, ayant serré dans leurs bras avec une énergie passionnée leur amante à la taille fatiguée par le poids renflé, haut et saillant des coupes de sa gorge, savourent le sommeil sur un lit voluptueux!» 25.

FIN.

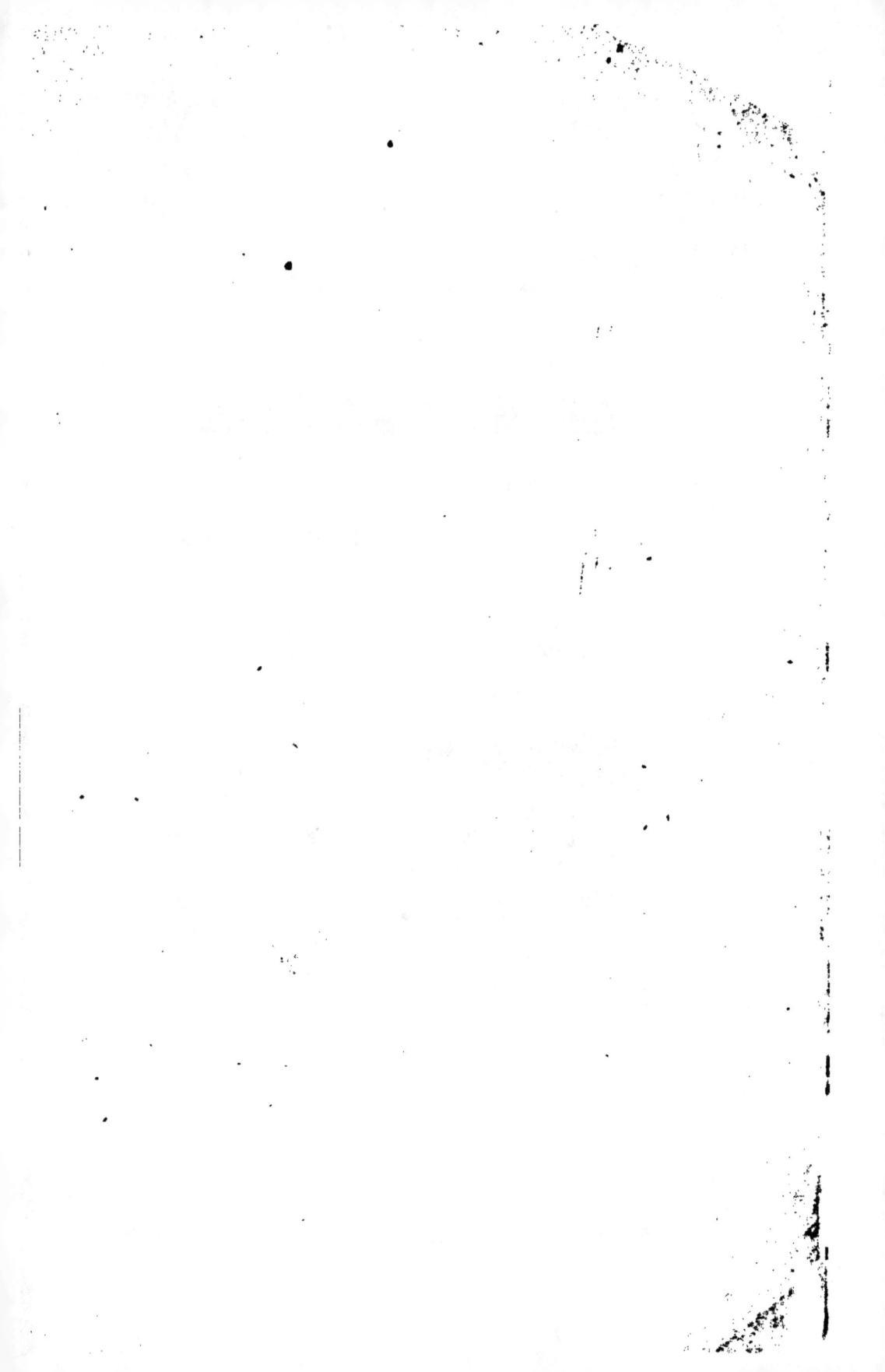

DU MÊME AUTEUR,

Sous presse,

LE RAMAYANA,

POÈME ÉPIQUE DE VALMIKI,

Traduit, pour la première fois, en français.

Caractère philosophie, Lettres neuves.

Bel in-8° de 400 à 500 pages au volume.

PRIX D'UN VOLUME :

Pour les souscripteurs, 7 fr.; pour les non-souscripteurs, 10 fr.

On souscrit, à Paris, chez A. FRANK, Libraire,
rue de Richelieu, 67.

Meaux, Imprimerie de A. Carro.

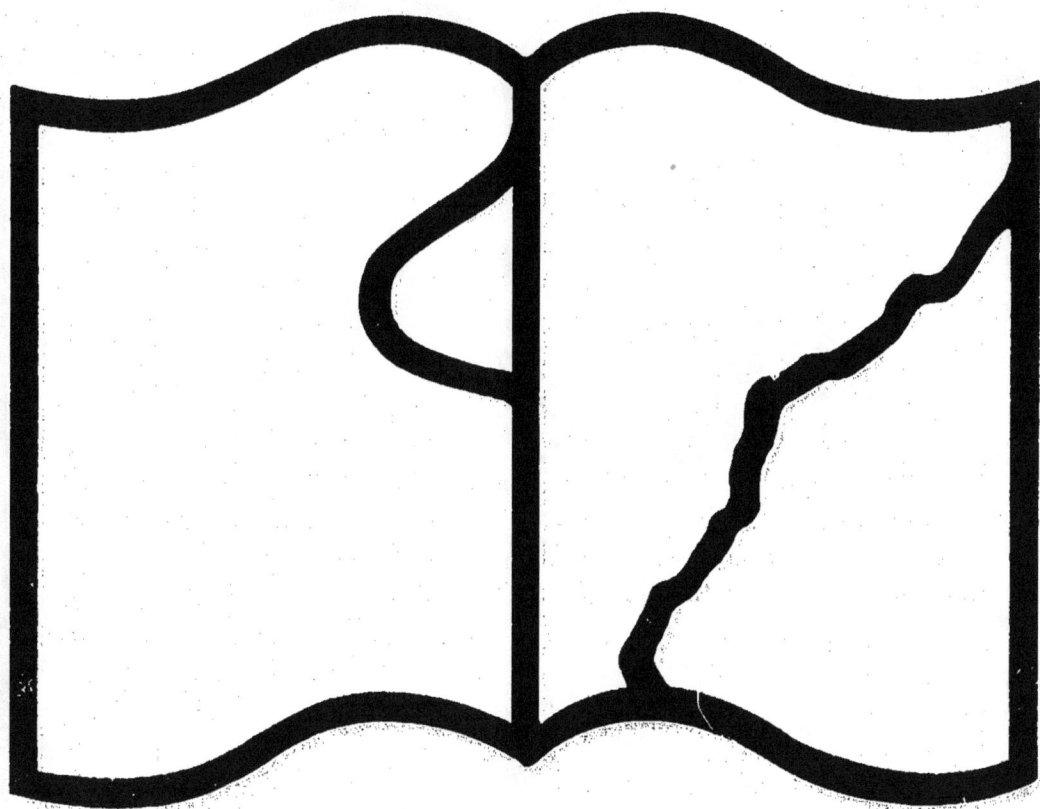

Texte détérioré — reliure défectueuse

NF Z 43-120-11

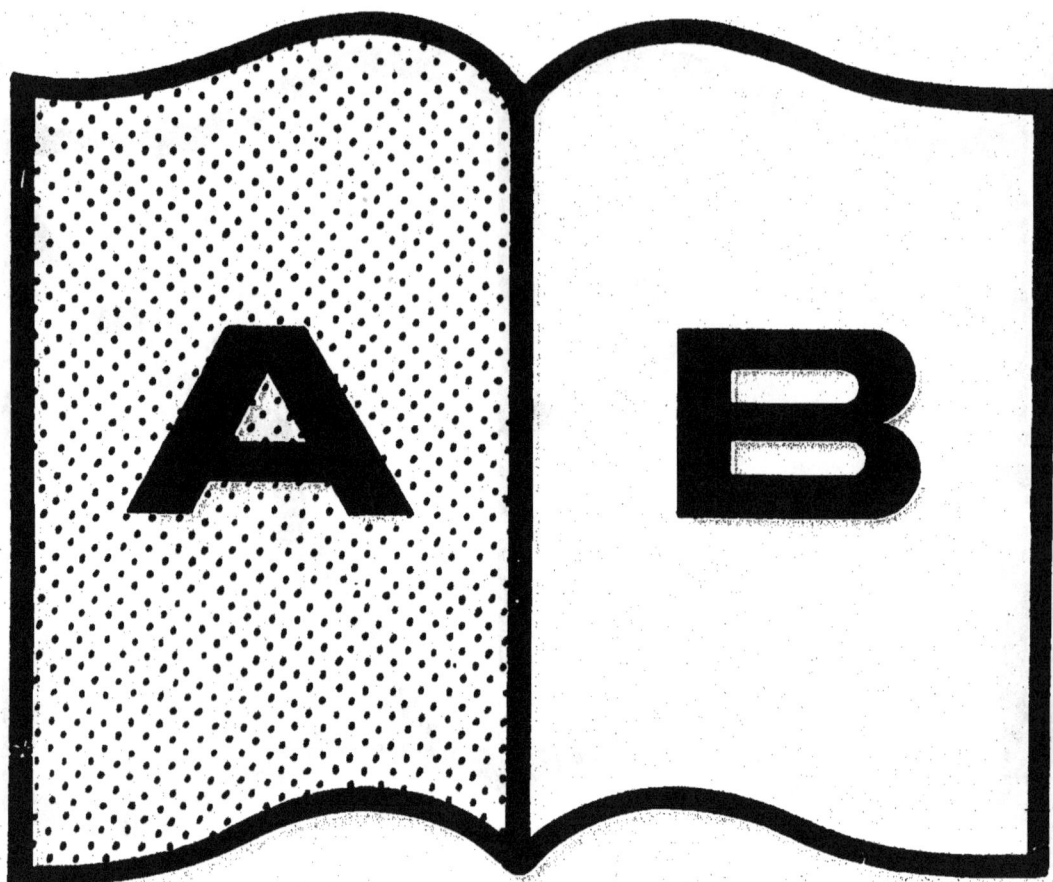

Contraste insuffisant

NF Z 43-120-14

sui X Marc

Conserve la Couverture

BHARTRIHARI

ET

TCHAURA,

1088

ou

LA PANTCHAÇIKA DU SECOND

ET

LES SENTENCES

ÉROTIQUES, MORALES ET ASCÉTIQUES DU PREMIER,

Expliquées du sanscrit en français, pour la première fois,

PAR HIPPOLYTE FAUCHE,

Traducteur du Gîta-Govinda et du Ritou-Sanhâra.

A PARIS,

Chez A. FRANK, Libraire, 67, rue de Richelieu.

En face de la Bibliothèque nationale.

1852.

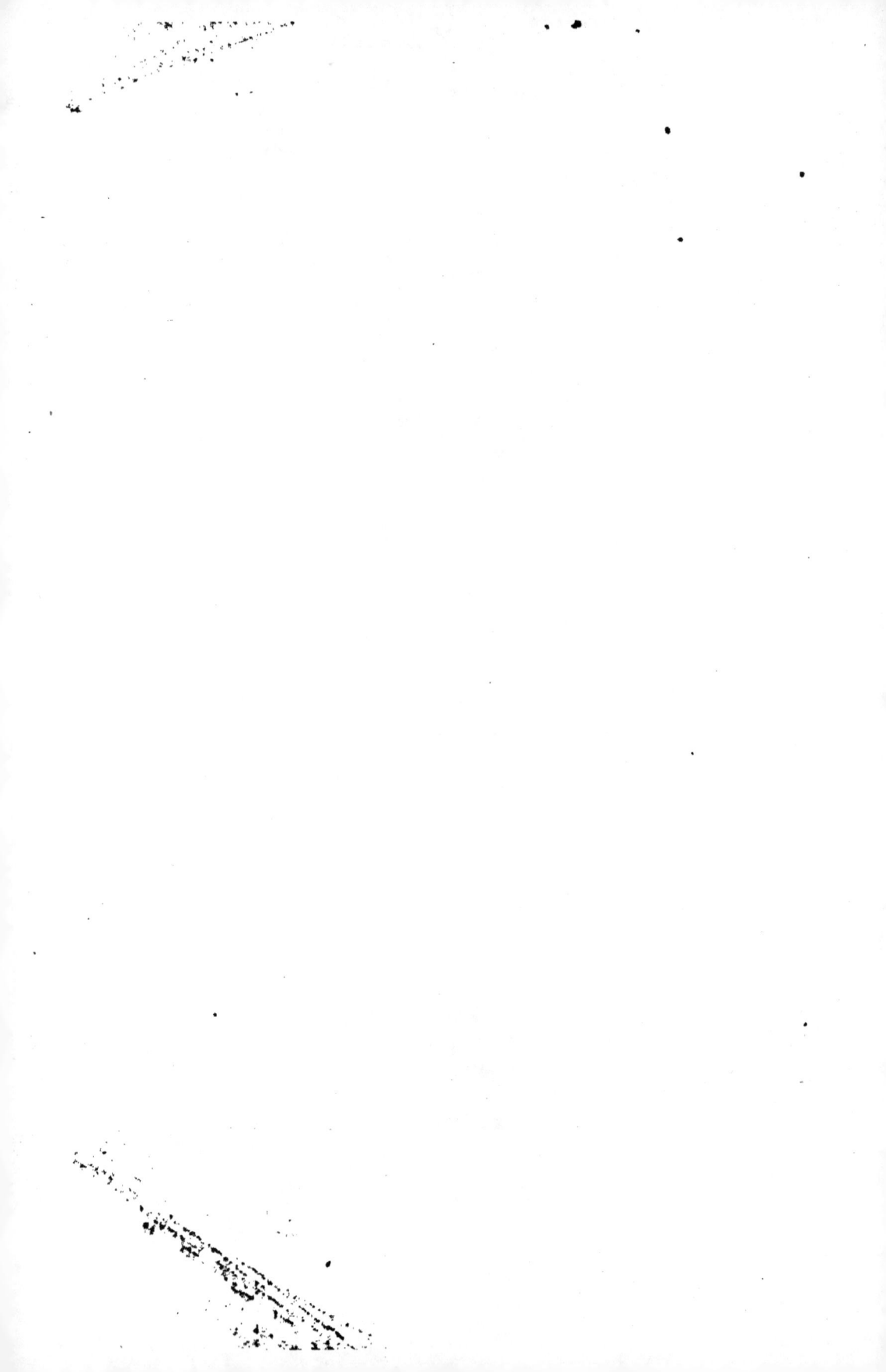